SHANNON MERENSTEIN

COLLAGE-WORKSHOPS FÜR KINDER

Reißen, schneiden, kleben, gestalten – inspiriert von Eric Carle

Fotos von Lauren McNulty
Beiträge aus dem Carle-Museumsatelier von Meg Nicoll und Sara Ottomano
Aus dem Englischen von Leena Flegler

GERSTENBERG

Mehr über Eric Carle, die kleine Raupe Nimmersatt & Co finden Sie
in der Rubrik *Kindergarten und Schule* unter **www.gerstenberg-verlag.de**
und **www.eric-carle.com**

1. Auflage 2020

Die Originalausgabe erschien unter dem Titel *Collage Workshop For Kids* bei Quarry Books,
an imprint of The Quarto Group, Massachusetts.
Gestaltung: Megan Jones Design
Fotos: Lauren McNulty
Aus dem Englischen von Leena Flegler
Printed in China
www.gerstenberg-verlag.de
ISBN 978-3-8369-6039-7

FSC
www.fsc.org
MIX
Papier aus verantwortungsvollen Quellen
FSC® C016973

Für meine zwei kleinen Künstler, Graham und Calvin, und für junge kreative Köpfe auf der ganzen Welt.

SHANNON MERENSTEIN

Für all die Familien, die uns im Eric Carle Museum of Picture Book Art an ihrem kreativen Schaffen teilhaben lassen.

MEG NICOLL und SARA OTTOMANO

INHALTSVERZEICHNIS

VORWORT

Jahr für Jahr kommen Tausende junger und älterer Besucher in das Museumsatelier des Eric Carle Museum of Picture Book Art, um gemeinsam Kunstwerke zu schaffen. Ganz besonders freuen wir uns, wenn sie Collagen entwerfen – wenn ihre Kreationen beim Zerschneiden und Zerreißen, beim Übereinanderlegen, (wiederholten) Arrangieren und Aufkleben zum Leben erwachen. Wir als Team nehmen Anteil an diesem Augenblick künstlerischer Magie. Der Mitbegründer unseres Museums, Eric Carle, hat sich im Lauf seiner langen Karriere immer wieder der Collage bedient und sich bei seinen Bilderbuchklassikern – z. B. *Brauner Bär, wen siehst denn du?* oder *Die kleine Raupe Nimmersatt* – für diese Technik entschieden.

Wir hoffen, dass die Lektüre unseres *Collage-Workshops für Kinder* für Sie einem Besuch in unserem Museumsatelier gleichkommt und dass Sie durch diese Seiten blättern und Lust bekommen – und den Mut! –, mit den kleinen Künstlerinnen und Künstlern in Ihrem Leben in die Welt der Collage einzutauchen. Ich mag sehr, was Eric über Kinder und Collagen sagt:

> „Seidenpapier zu bemalen ist für mich eine ungemein befriedigende Tätigkeit. Viele Kinder kennen die Collage bereits von zu Hause oder aus der Schule. Tatsächlich haben schon Kinder zu mir gesagt: ‚Ach, so was kann ich auch!' Das ist das allergrößte Kompliment für mich."

Foto: Seth Kaye. © The Eric Carle Museum of Picture Book Art

Foto: Kristin Angel. © The Eric Carle Museum of Picture Book Art

Mit der Autorin dieses Buchs konnten wir eine Seelenverwandte gewinnen – Shannon Merenstein, Kunsterzieherin und Mutter aus Pittsburgh, die an das Gleiche glaubt wie wir: Sobald man kleinen Künstlerinnen und Künstlern mit Respekt begegnet, können fantastische Dinge geschehen. Ihre Collageprojekte sind einerseits kindgerecht fantasievoll und andererseits für die viel beschäftigte Aufsichtsperson leicht zu bewältigen.

Auf jedes von Shannons Kapiteln folgt eine Art Werkstattbericht von Meg Nicoll und Sara Ottomano, zwei Kunstpädagoginnen aus dem Carle-Museum, die aus ihrer täglichen Atelierarbeit mit Familien erzählen. Das Atelier selbst hat immer dann geöffnet, wenn auch das Museum seine Tore öffnet, und bietet Besuchern die Möglichkeit, die gleichen Materialien und Werkzeuge zu verwenden wie all die Künstler, die in unseren Räumlichkeiten ausgestellt werden. Der Arbeit im Museumsatelier liegen dabei stets unsere Leitsätze zugrunde:

- Wir bieten zweckfreie (d. h. nicht zweckgerichtete) Kunstprojekte an, damit Kinder bei der Gestaltung ihren eigenen Interessen und ihrer Intuition folgen können.
- Künstler- und Bastelmaterial liegt immer griffbereit.
- Wir fördern die Vorstellungskraft: Von Fundstücken aus der Natur bis hin zu Gegenständen, die für den Abfalleimer oder Recyclinghof gedacht gewesen wären, eignet sich potenziell alles, um damit Kunst zu schaffen.
- Wir legen gleichermaßen Wert auf den Schaffensprozess wie auf das fertige Kunstwerk. Wir fragen die Kinder, woran sie arbeiten, und bringen auf diese Weise die Geschichten hinter den Werken in Erfahrung.
- Wir stellen das fertige Werk angemessen aus – auch dies im Übrigen ein Kreativprozess, den es sich gemeinsam zu entschlüsseln lohnt.

Gemäß diesen Leitsätzen arbeiten wir, seit das Museum im Jahr 2002 eröffnet wurde. Die Atelierumgebung soll dabei einladend und fantasiefördernd sein – und zugleich all denjenigen als Testlabor dienen, die in den eigenen vier Wänden oder im Klassenzimmer mehr Kreativität einziehen lassen wollen.

Uns kommt die große Ehre zuteil, mit Eric Carle und Hunderten anderer Bilderbuchkünstler zusammenzuarbeiten, die in unseren Räumlichkeiten ihre Werke ausstellen und im Museum Vorträge, Lesungen und Malstunden halten. Für die vorliegenden Seiten bedienen sich Meg und Sara aus dem Erfahrungsschatz all jener, die sich auf die Collagetechnik spezialisiert haben. Mit diesem Buch möchten wir Sie daran teilhaben lassen und Ihnen und Ihren Kindern im Anschluss beispielhaft Bücher empfehlen – quasi als Startschuss für Ihr ureigenes künstlerisches Abenteuer.

Foto: Jim Gipe/Pivot Media. © The Eric Carle Museum of Picture Book Art

Fröhliches Collagieren!

Alexandra Kennedy,
Direktorin des
Eric Carle Museum of Picture Book Art
Amherst, Massachusetts

KAPITEL 1

ALLER ANFANG

Als Mutter und Erzieherin kleiner Kinder liegt mir das Thema des vorliegenden Buches sehr am Herzen. Als ich die Möglichkeit bekam, zusammen mit Meg Nicoll und Sara Ottomano vom Eric Carle Museum of Picture Book Art ein Collagebuch zu schreiben, konnte ich einfach nicht widerstehen. Im Anschluss an jedes Kapitel mit Collageprojekten finden Sie einen Erfahrungsbericht „Aus dem Carle-Museumsatelier“: In diesen Exkursen zum Thema Collage werden Sie in das Atelier des Museums entführt und können an den Erlebnissen und Erkenntnissen der Museumspädagogen und Besucher teilhaben. Einige Projekte beginnen mit dem Experimentieren mit Materialien, andere mit einem Gespräch über ein bestimmtes Thema, etwa die Natur. Sämtliche Entdeckungen, Geschichten, die hier geschildert werden, und die Begeisterung darüber stammen von den Kindern selbst.

Wenn man mit Kindern zusammenarbeitet und Collagen erstellt, ist das Zerschneiden und Zusammenfügen lediglich die Spitze des Eisbergs. Tatsächlich dient es einerseits hervorragend als feinmotorisches Training; andererseits entspricht es angeborenen kindlichen Neigungen – dem Sammeln und Sortieren beispielsweise. Wenn ich Ihnen also ans Herz lege, die Collage als Spiel zu betrachten, zu dem Sie Ihre Kinder ermuntern, werden Sie außerdem feststellen, dass sie die perfekte Möglichkeit bietet, neue Herangehens- und Denkweisen zu entwickeln und zu fördern.

SAMMELN, SORTIEREN, ZUSAMMENSETZEN

Haben Sie jemals ein Kind beobachtet, das Dinge sammelt? Mein Sohn Graham ist zweieinhalb Jahre alt und inzwischen in die Sammelphase eingetreten. Da wird der Spaziergang durchs Viertel zu einem regelrechten Abenteuer – zu einer Schatzsuche, bei der allerhand Dinge gefunden werden. Ein glatter Kiesel, eine verlorene Penny-Münze, ein verfärbtes Blatt – alles wird in die Tasche gesteckt. Auch in meinem Kunstatelier „Hatch" stelle ich immer wieder fest, welche Faszination das Sammeln auf Kinder ausübt. Da höre ich regelmäßig: „Bitte, bitte, bitte, darf ich [diese Paillette/diesen Strassstein/diese Feder/jenes Stoffmuster oder den Papierschnipsel] haben, den/die/das ich [unter dem blauen Stuhl/auf der Toilette/in der Spüle] gefunden habe?" Wenn Sie Kinder um sich herum haben, kennen Sie das bestimmt auch.

Ganz ehrlich? Ich kann diesen Sammeltrieb nur gutheißen. Er geht mit zahlreichen wichtigen Fähigkeiten und Neigungen eines kreativen Geistes einher. Da wäre zum einen natürlich die Beobachtungsgabe, die Aufmerksamkeit für die Umwelt; aber auch Zielstrebigkeit, Abenteuerlust, die Entdeckung des Schönen inmitten des Alltäglichen und so vieles mehr. Hinter dem Sammeln von Gegenständen und Materialien steckt nichts anderes als echte Leidenschaft.

Was ich überdies bei Kindern festgestellt habe, ist ihre wunderbar durchdachte Herangehensweise an das Sortieren. Haben Sie je einem Kind dabei zugesehen, wie es regenbogenbunte Bauklötze oder andere Gegenstände nach Farben ordnet? Mein kleiner Bruder hat früher seine Spielzeugautos in Reihen und streng nach Fahrzeugmodellen sortiert. Ich habe unzählige Male beobachtet, wie Kinder Stöckchen, Schmucksteine oder Zweige zu ausgeklügelten Arrangements zusammen-

Diese drei kindlich-kreativen Neigungen (das Sammeln, das Sortieren und das Zusammensetzen) stellen aus meiner Sicht die Grundlage für das Collagieren dar. Die Herangehensweise ist dabei jeweils individuell verschieden und auch unterschiedlich gewichtet; indem wir aber die Grundpfeiler herausarbeiten, können wir es uns als Kunstvermittler, Eltern und Erzieher ein wenig leichter machen. Denn im Grunde geht es einzig und allein um Folgendes: Wir machen uns auf die Suche, finden und sammeln Material. Wir sortieren und ordnen es neu – auf spielerische Art und Weise. Dann setzen wir es zusammen, arrangieren und befestigen es. Wenn man genauer darüber nachdenkt, liegen die gleichen Schritte auch anderen kreativen Tätigkeiten zugrunde: dem Musizieren beispielsweise, dem Theaterspiel, dem Geschichtenerfinden etc. Was, wenn wir die entsprechenden Fähigkeiten der Kinder gemäß ihrer individuellen Intuition beim Spielen und Entdecken fördern und ihre Selbstsicherheit als Kreateure steigern könnten? Die Collage stellt die perfekte Kunstform dar, um all dies einzuüben.

stellten, ganz ohne erst ausgiebig darüber nachzudenken. Obwohl derlei Arrangements selten zweckgerichtet sind – wenn Kinder beispielsweise eine Handvoll Konfetti auf eine klebrige Oberfläche pusten –, scheinen selbst die Jüngsten selbstbewusst und mit einer gewissen Vorstellungskraft an diese Aufgabe heranzugehen.

Riesenspaß

Als Nächstes kommt das Zuordnen, Zusammensetzen und Befestigen. Selbst die Jüngsten haben Spaß daran, Dinge auseinanderzunehmen, zu zerknautschen, zu zerdrücken und zu zerreißen. (Auf das Zerreißen komme ich später noch einmal zurück.) Ich kann die Begeisterung in ihren Blicken sehen, wenn sie neue Ideen entwickeln und Materialien und Techniken besser kennenlernen, indem sie Dinge zusammensetzen, immer höher bauen oder lernen, wie zwei Gegenstände mittels Klebeband aneinander haften bleiben – und natürlich, wenn sie entdecken, dass ein Tröpfchen Bastelkleber all die Wackelaugen und kleinen Pompons zusammenhält.

Prozess in Reinform

Was macht die Collage zur idealen Kunstform, die man mit Kindern erkunden sollte? Man kann nahezu jedes Material und fast jeden Untergrund benutzen – und jedes Bindemittel, das unser Material auf dem Untergrund haften lässt. Wir wählen einfach das, was wir ohnehin zur Hand haben: Holz, Papier, Stoffe. Wenn das im ersten Moment ein bisschen viel klingt – machen Sie sich keine Gedanken. Im Laufe dieses Buches empfehle ich Ihnen für jedes Projekt Materialien und Varianten, mit denen Sie arbeiten können, ganz gleich, was sich in Ihrem Bastel-, Vorratsschrank oder in Ihren Schubladen befindet.

Die Collage kommt dem künstlerischen Prozess in Reinform gleich: Es gibt kein festgelegtes Ziel oder Ergebnis, das die Kinder erreichen sollen. Womöglich werden Sie feststellen, dass sich der Erfindungsreichtum und die Flexibilität, die Sie bei den Collageprojekten entwickeln, auch auf andere Kunstprojekte übertragen. Die Collage fördert nicht nur die Intuition Ihres Kindes, sondern kann auch helfen, neue kreative Denkprozesse in Gang zu setzen.

Wie Sie dieses Buch benutzen

Dieses Buch ist in mehrere Kapitel oder Themen unterteilt, die leicht zugänglich sind, begeistern und zahlreiche künstlerische Interpretationen zulassen. Einige Themen entspringen Motiven, die regelmäßig in künstlerischen Arbeiten von Kindern auftauchen, weil sie deren unmittelbare Umwelt widerspiegeln: ihre Mitmenschen, die Natur und Geschichten. Andere Kapitel sind von alltäglichen Gesprächen inspiriert – wenn wir uns beispielsweise über Gegensätze wie klein und groß unterhalten oder einen bestimmten Ort genauer unter die Lupe nehmen. Was immer gerade Ihr Lieblingsthema ist: Ich hoffe, dass Sie es mithilfe dieses Buches durch eine künstlerische Brille betrachten und vertiefen können.

Sie können jedes Projekt aus diesem Buch an Ihre Bedürfnisse und Interessen anpassen; das Collageprojekt zum Thema „Gesichter" kann zu einem „Planeten"- oder „Pizza"-Projekt abgewandelt werden. Es ändert sich lediglich die Art und Weise, wie Sie die künstlerische Einladung an Ihr Kind aussprechen. Ich möchte Sie ausdrücklich dazu ermuntern, die hier empfohlenen Ideen und Materialien daran anzupassen, was Ihnen und den Kindern, mit denen Sie arbeiten, gerade am wichtigsten ist. Je leichter es Ihnen mit der Zeit fällt, Collagematerialien bereitzustellen, umso seltener werden Sie selbst Ideen für Kunstprojekte vorschlagen müssen und stattdessen umso häufiger zulassen, dass Ihre jungen Künstler selbst die Richtung vorgeben.

Auch wenn die Projekte in diesem Buch zu unterhaltsamen, faszinierenden Erlebnissen führen können, mag es mitunter noch viel befriedigender sein, wenn individuelle Erfahrungen mit einfließen, die wiederum neue kreative Denkmuster und den persönlichen Forschungsdrang fördern. Erkunden Sie dafür gemeinsam sowohl vor, während als auch nach Fertigstellung unterschiedlichste Materialien, sehen Sie sich Bücher und die Werke anderer Collagekünstler und Illustratoren an und entdecken Sie weitere inspirierende Tätigkeiten.

Aus dem Sammeln ein Spiel machen: Lassen Sie die Kinder durchs Haus, durchs Klassenzimmer oder durch die Natur streifen, Materialen sammeln und sortieren – wie bei einer Schatzsuche.

Schnipsel und Zeug

Kinder lieben es, sich Gegenstände auszusuchen, die sie zum Basteln verwenden wollen. Machen Sie die Auswahl der Collagematerialien zu einem Gemeinschaftserlebnis. Was immer Sie sich für Gedanken zur Beobachtungsgabe und zum Organisationstalent Ihres Kindes machen – teilen Sie diese Gedanken miteinander! Inwiefern inspiriert uns das, was wir vor uns sehen, zu einem kreativen Prozess? Was bedeuten uns die Gegenstände, die wir auflesen und zusammentragen? Machen Sie aus dem Auswahlprozess eine Art „Ich sehe was, was du nicht siehst" oder ein ähnliches Kreativspiel.

Sammeln Sie zum Beispiel in einem Einmachglas sämtliche Plastikschnipsel, die Sie in Ihrer Umgebung finden: Tubendeckel, Stiftkappen, Knöpfe und kleine Plastikfigürchen. Bitten Sie Ihr Kind, Ihnen beim Sortieren zu helfen. Ein Muffinblech oder eine größere Eiswürfelform sind hierfür hervorragend geeignet – oder auch ein flaches Tablett, das Sie mit farbigem Klebeband in Segmente unterteilen. Jüngeren Kindern können Sie Tipps geben: die Roten hierhin, die Blauen dorthin. Ältere Kinder haben oft eigene, innovative Ordnungsmuster, auf die Sie selbst nie kommen würden. Es geht nicht darum, die Dinge „korrekt" zu sortieren, sondern eine neue Sicht auf Ihr zur Verfügung stehendes Material zu entwickeln und so eine flexiblere Denkweise zu fördern.

Spielen Sie immer wieder einige Runden „Ich sehe was, was du nicht siehst", nehmen Sie hierfür Ihr Einmachglas zur Hand – oder meinetwegen Ihre Altpapierschachtel. Lassen Sie das Spiel darüber entscheiden, welche Materialien für Ihre Collage zusammenkommen. Sie können dabei allgemein bleiben („Ich sehe was, was du nicht siehst, und das ist rund"), sodass unterschiedliche Dinge ausgewählt werden. Sie können aber auch sehr viel genauer werden; dann richtet sich Ihre Suche auf gefleckt grüne, abgerundete Papierschnipsel mit rauer Oberfläche. Ein bestimmter gefleckt grüner, abgerundeter Papierschnipsel mit rauer Oberfläche wird sich vielleicht ausgerechnet als jener Gegenstand entpuppen, der Sie zu Ihrer kompletten Collage inspiriert; außerdem verhilft dieser Prozess an sich dem Künstler zu genauerem Hinsehen und Beschreiben.

Für die meisten Projekte in diesem Buch wird Ihr Kind an einem Tisch arbeiten, auf dem sich die Materialien befinden. Persönlich gehe ich am liebsten so vor, dass ich Material vorsortiere und eine Auswahl treffe, statt die Kinder mit massenhaft bunt durchmischten Materialien zu überfordern. Erfahrungsgemäß sind die Kinder viel weniger überwältigt, wenn die Sortierarbeit bereits erledigt ist und die Materialien schön ordentlich auf dem Tisch liegen. Diese Vorbereitung ist auch nicht aufwendig.

Spiel mit losen Teilen

Die Erfahrung des Zusammensetzens kann man auf unzählige spielerische Arten machen. Sie haben vielleicht schon mal von der Theorie der „losen Teile" gehört; sie stammt ursprünglich aus den Siebzigern von einem Architekten namens Simon Nicholson. Nicholsons Annahme zufolge bieten nicht näher spezifizierte „lose Teile" in einer Lernumgebung – im Gegensatz zu Spielzeug und Materialien, die nicht bewegt oder verändert werden können – unendlich viele Möglichkeiten für den kreativen Denkprozess. Lose Teile können auf vielerlei Weise nebeneinandergelegt und zusammengefügt werden, ohne dass ein Lehrer oder ein vorformuliertes Ergebnis die Richtung weist. Sie können das Interesse Ihres Kindes am Arrangieren und Konstruieren auf einfache Weise wecken und fördern, die sich einerseits auf die Collage, andererseits auch auf den Entdeckergeist des Kindes anwenden lässt: auf das Immer-wieder-neu-Zusammensetzen, Ausprobieren und Austesten von Dingen.

Konstruieren und Dekonstruieren

Was sind „lose Teile"? Ein loses Teil kann alles sein: das bereits erwähnte Einmachglas voller gesammelter Schätze, ein Schälchen mit Perlen, eine Tüte Wattebäusche, eine Handvoll Stöckchen oder Zweige aus dem Park, glatt geschliffene Kiesel von einem Spaziergang. Für das Spiel mit losen Teilen sortiere ich alles am liebsten nach Materialeigenschaft und präsentiere es nach und nach, sodass die Kinder damit (weder zweckgerichtet noch angeleitet) Dinge kreieren können. Auch das Spiel mit Bauklötzchen und das sogenannte Funktionsspiel sind wunderbar dazu geeignet, eine Vorstellung davon zu bekommen, wie auf der Basis intuitiven (mitunter wiederholten Um-)Konstruierens Materialien zusammengefügt und Dinge erschaffen werden können. Hier einige Vorschläge, wie man vorgehen kann:

- Stellen Sie in einem abgedunkelten Raum lose Teile plus Taschenlampen, einem Leuchttisch oder einem Overhead-Projektor zur Verfügung.
- Stellen Sie das Tablett mit losen Teilen sowie Bauklötzen zur Verfügung. Was passiert, wenn lose Teile und Bauklötze zusammenkommen?
- Stellen Sie lose Teile aus Holz, Plastik oder rund geschliffenem Glas sowie ein durchsichtiges, mit ein wenig Wasser gefülltes Gefäß zur Verfügung.
- Bringen Sie die losen Teile auf natürlichen Untergründen aus – auf flachen Felsen, einem Stück Brachland – oder auf einem Tablett in unmittelbarer Nähe.
- Lehnen Sie sich nun zurück und stellen Sie hier und da Fragen, um das Spiel in Gang zu halten. Wie könnte man die vorhandenen Materialien noch arrangieren? Was, wenn man sie übereinanderstapelte? Sie müssen nicht jedes Mal Fragen stellen, sobald Ihr Kind mit losen Teilen spielt, doch indem Sie Ihre Gedanken laut aussprechen, helfen Sie ihm weiterzudenken und fördern seine Flexibilität, Kreativität und Problemlösungsfähigkeit.
- Stellen Sie mehrere Schälchen (oder in Segmente unterteilte Tabletts) mit „losen Teilen" auf einer ansonsten leeren Spielunterlage zur Verfügung.
- Stellen Sie dieselben Schälchen (oder das Tablett) bereit, darüber hinaus aber auch ein paar Rollen farbigen Klebebands, mit dessen Hilfe die Spielfläche unterteilt, Straßen gezogen oder andere beliebige Dinge unternommen werden können. Sie können diese Unterteilung entweder im Vorfeld selbst vornehmen oder aber zum Teil des Spielprozesses machen.

Entwerfen und Bauen

Das Tolle an der Collage ist, dass sie letztlich ein Spiel mit losen Teilen ist, bei dem man nach dem anfänglichen Auswahlprozess und dem (Immer-wieder-neu-) Arrangieren zu guter Letzt vor einer Handvoll „finaler Entscheidungen" steht. Zu diesen „finalen Entscheidungen" kommt es im Zuge des Zusammensetzens. Der Begriff „Collage" ist vom französischen *coller* (dt.: kleben, befestigen) abgeleitet. Zum kreativen Prozess gehört in diesem Zusammenhang auch die Fähigkeit, durch Zusammenfügen oder -bauen aus beliebigen Einzelteilen ein neues Ganzes entstehen zu lassen. Natürlich können wir dazu Kleister und Kleber verwenden. Es gibt aber auch jede Menge Gegenstände und veränderliche Materialien, die auf andere Weise zueinanderfinden – flache oder würfelförmige Magnete beispielsweise, Legosteine u. v. m. Ob mit oder ohne Klebstoff, es gibt also eine

Materialien anzuordnen und damit zu spielen ist ebenso wichtig, wie sie zu einer Collage zusammenzufügen. Erlauben Sie den Kindern, erst unterschiedliche Zusammenstellungen und Ideen durchzuspielen, ehe Sie ihnen Klebstoff geben.

Menge fantastischer Möglichkeiten des Zusammenfügens. Hier ein paar Ideen:

- Finden Sie heraus, wie man kleinere oder mittelgroße Stücke Pappe, die entlang der Kanten eingeschnitten wurden, miteinander verbinden kann. Auf welche Weise können sie auch ohne Klebstoff oder Klebeband dauerhaft zusammenbleiben?
- Bestreichen Sie ein Stück Pappe mit einer dünnen Klebstoffschicht und bestreuen Sie es mit leichtem Material (etwa einem Stück Papiertaschentuch, Konfetti, mit Zeitungsschnipseln), vielleicht sogar mit etwas Schwererem. Was bleibt kleben, was nicht?
- Ermutigen Sie Ihr Kind, z. B. Geleebonbons mit Zahnstochern zu verbinden – eine klassische (und unterhaltsame) Art des sogenannten Konstruktionsspiels. Probieren Sie für andere Konstruktionen Strohhalme und Pfeifenreiniger aus.
- Drücken Sie Materialien wie Kiesel, Glasmurmeln oder Federn in einen Untergrund aus Ton oder Knete.
- Laden Sie Ihr Kind dazu ein, sich vorzustellen, wie es ohne Klebstoff Streifen dünneren Papiers auf dickeres Papier aufbringen könnte. Mögliche Ideen wären, alles mit einem Faden oder einer Schnur zu umwickeln, durch beide Lagen Löcher zu bohren oder zu schneiden oder das Papier auf unterschiedliche Weise zu falten.

WERKZEUG, MATERIAL, UNTERGRUND

Papier, Finger, um es zu zerreißen, Schere und Kleber – mehr brauchen wir nicht, um eine Million unterschiedlicher Collagen zu gestalten. Trotzdem will ich Ihnen weiteres Werkzeug und alternative Materialien vorschlagen, die man darüber hinaus gut verwenden kann. Natürlich müssen Sie nicht all diese Dinge besorgen.

Das wichtigste Werkzeug

- Bastelscheren für Kinder: Nehmen Sie welche mit Stahlklingen; abgerundete Spitzen sind schön und gut, aber Sicherheitsscheren aus Plastik schneiden nicht immer gut und können den Spaß am Basteln verderben.
- Mehrzweckscheren für die Erwachsenen: Die werden Sie ständig brauchen! Entscheiden Sie sich also für Scheren, die gut in der Hand liegen.
- Klebestifte
- Bastel-Flüssigkleber in Flaschen (alternativ stellen Sie kleine verschließbare Becher für den Flüssigkleber sowie Pinsel zur Verfügung, mit denen der Kleber aufgetragen werden kann)
- Farbroller oder -walzen, um aufgeklebtes Papier zu glätten
- Locher und je nach Wunsch unterschiedlich große Motivstanzer
- Schalen und Schachteln für das Sortieren der Materialien
- Schwämme und Seifenwasser fürs anschließende Saubermachen

Zusätzliches Werkzeug

- Heißklebepistole und -sticks für Materialien, die nicht ganz so leicht kleben bleiben. (Die Heißklebepistole ist ausschließlich für Erwachsenenhände gedacht; sowohl Kleber als auch „Pistolenmündung“ werden *sehr heiß.*)
- wasserbasierter Versiegler (Kleber und Lack in einem) oder Klarlack zum Schutz vor Beschädigungen, Staub und Verschmutzungen
- Klebeband: dekoratives Washi Tape, transparentes (Paket-)Klebeband und Malerkrepp
- Aufkleber. Ich mag farbige Markierungspunkte aus dem Bürofachhandel sehr. Sie können zugleich als „Werkzeug“ und als Material eingesetzt werden.
- Tacker
- doppelseitige Klebepunkte
- Wasser- oder Temperafarben, um Papier einzufärben (dazu später mehr)
- Filzstifte

Untergrundmaterialien

Außer Papier dienen die folgenden Materialien wunderbar als Untergründe für Collagen und sind zudem günstig:

- zurechtgeschnittene Pappe
- selbstklebende Bucheinbandfolie
- Bastelkarton oder anderes festes, schweres Papier
- Alufolie
- auseinandergeschnittene, glatt gestrichene braune Papier-Einkaufstüten
- flach gedrückte, weiß oder einfarbig grundierte Cornflakes-Schachteln
- Ton-Unterteller aus dem Gartencenter
- Teller, Tabletts oder Schalen vom Flohmarkt
- alte Schallplatten
- Holzschnittreste
- Baumwollstoff- oder Segeltuchreste

Collagematerialien

Wenn es ans Collagieren geht, steht Ihnen förmlich die ganze Welt offen: Je nachdem, wie viel Sie zu Hause oder im Klassenzimmer beiseitelegen und lagern können, steht Ihnen wahrscheinlich schon jetzt alles, was das Herz begehrt, zur Verfügung.

- Papier: Es ist immer gut, eine Auswahl an unterschiedlich schweren Papieren mit unterschiedlich strukturierten Oberflächen und in verschiedenen Farben griffbereit zu haben; dabei brauchen Sie gar nicht den vollen Bogen: Heben Sie einfach Schnipsel und Reste auf, sobald sie eben anfallen. Ich persönlich verwende Ziplock-Beutel, um nach Farbe sortierte Schnipsel einfach und schnell zu verstauen.

- bemalte Papiere: Wenn Sie mit Kindern zusammenleben oder arbeiten, die in ihrer Künstlerkarriere schon fortgeschritten sind, wissen Sie aus Erfahrung, dass sich Bilder und Zeichnungen anhäufen können. Zerschneiden Sie weniger wichtige Werke oder stanzen Sie mithilfe von Motivstanzern Formen aus, die später wunderbar Farbe und Textur zur neuen Collage beitragen.
- Seidenpapier
- Zeitungspapier
- Zeitschriftenseiten
- Stoffreste
- Holzstückchen, Zweige, Stöcke, Eicheln u. v. m.
- Schmuck- und Strasssteine
- Garn: von Wollresten bis zu losen Fusseln
- (kleine Chenille-)Pompons
- Federn
- Recyclingmaterialien: Plastikbecher und -deckel, Beutel-Verschlussclips, kleine Plastikfigürchen
- Kunstblumen, -blüten und -ranken – oder echte Blüten!
- Fotos (ich persönlich finde, dass Fotokopien und Ausdrucke für kleine Hände leichter zu handhaben sind)

DEN ÜBERBLICK BEHALTEN

Jeder, der mich halbwegs kennt, wird bestätigen können, dass Ordnung nicht zu meinen Stärken gehört. Allerdings weiß ich, dass es die Vorbereitung für ein Collageprojekt mit Kindern enorm erleichtert, wenn man verwandte Materialien beisammenhält und das wichtigste Werkzeug stets griffbereit hat. Collagematerial in transparente Aufbewahrungsboxen zu sortieren – und diese eventuell zu etikettieren – kostet nicht viel Zeit, beschert Ihnen aber das Gefühl, gut vorbereitet zu sein, wenn Sie es den Kindern an die Hand geben.

Eric Carle bewahrt seine wunderbar bemalten Seidenpapiere immer schon nach Farbfamilien sortiert in Schubfächern auf. Sobald er sich ein neues Bild vornimmt, hat er so leichten Zugang zu exakt den Stücken, die er für seine Collage benötigt. Die zugrunde liegende Technik kann man leicht abwandeln – beispielsweise mithilfe meiner Ziplock-Beutel. Sobald in meinem Kunstatelier ein gemaltes Bild länger liegen geblieben ist, zerschneiden wir es und sortieren die Schnipsel. Für das Aufbewahren anderer Materialien bieten sich Einmachgläser oder transparente Plastikbehältnisse besser an.

Ganz gleich, für welche Art der Sortierung und Aufbewahrung Sie sich entscheiden: Sobald es für die Kinder mit dem Collagieren losgehen soll, sind die ordentlich

und verlockend auf dem Tisch bereitgestellten Materialien der Auslöser für erste Ideen. Sie müssen zu diesem Zweck auch nicht all Ihre Materialien gleichzeitig bereitstellen. Viele Kollegen – so auch die Kunstpädagogen aus dem Carle-Museum – können bestätigen, dass ein endliches Materialangebot trotzdem unendliche Möglichkeiten eröffnet.

Zum Aufwärmen

Hier ein paar Tricks und Kniffe für leicht zugängliche, inspirierende Collageprojekte für Kinder:

- Sortieren Sie alles nach Farben – entweder nach einzelnen Farben oder Farbfamilien. Trennen Sie warme Farben (Rosa- und Pinktöne, Rot, Orange und Gelb) von kalten Farben (Blau, Grün und Violett).
- Sortieren Sie nach Formen – alle Kreise in eine Schale, Dreiecke in eine andere.
- Sortieren Sie nach Materialeigenschaften – Holzstückchen hierhin, Plastik dorthin.
- Legen Sie die Seiten aus, die Sie aus Zeitschriften ausgerissen haben, weil darauf brauchbare Motive oder spannende Schriften zu sehen waren. Vielleicht schneiden Sie sie in kleine Stücke, damit die Kinder leichter an die „guten Stellen" herankommen.
- Schneiden Sie bemalte oder gemusterte Papierbogen in kleinere Stücke. So kann mehr von einem geeigneten Papierbogen eingesetzt werden – und in umso mehr Variationen –, außerdem wird es Ihrem Künstler so leichter fallen, Formen zuzuschneiden.
- Nutzen Sie Motivstanzer (oder die gute alte Mehrzweckschere), um eine Auswahl an Formen bereitzustellen. Die Formen können geometrisch sein oder aber organisch (wellen- und wogenförmig oder gänzlich ohne natürliches Vorbild).

Eine eingeschränkte Material- und Werkzeug-Auswahl ist völlig in Ordnung. Ein kreatives Limit kann zu manch spannendem Kunstwerk führen!

KAPITEL 2

PROJEKT // Bekannte Gesichter

Schon Babys lieben es, sich im Spiegel zu betrachten, und freuen sich, die Gesichter ihrer Lieben vor sich zu sehen. Kleinkinder werden im Handumdrehen zu Experten, was die Benennung einzelner Körperteile angeht, und ältere Kinder fangen irgendwann an, unverkennbare Kennzeichen und Konturen zusammenzubringen, wenn sie Gesichter und ganze Körper zeichnen. Die folgenden ersten Collagevorschläge bauen genau auf diesem bekannten, leicht zugänglichen Thema auf und fördern durch verschiedene Herangehensweisen und anhand der unterschiedlichen Materialien Kinder hinsichtlich ihrer Problemlösungsfähigkeit, Experimentierfreude und selbstverständlich beim spielerischen künstlerischen Prozess. Von Glasmurmeln in einem Ton-Unterteller bis hin zum Kostüm aus Federn und Washi Tape werden sich die kleinen Künstler begeistert mit neuen Materialien und Formaten beschäftigen. Aus den einzelnen Projektideen kann mit ein bisschen Fantasie Ihr neues Lieblingsselbstporträt entstehen, oder Sie entwerfen Tiere oder Gesichter von Fantasiewesen.

PROJEKTVORSCHLAG 1

ZWEI ARTEN VON GESICHTERN

Von klein auf ist das vertrauteste Bild, das ein Kind vor sich sieht und am ehesten wiedererkennt, das Gesicht – womit es zum perfekten Thema für Collageprojekte wird.

WERKZEUG UND MATERIALIEN

- Spiegel (optional)
- beliebiges zwei- oder dreidimensionale Material: Seidenpapier, bemalte Papierschnipsel, ausgestanztes Tonpapier, Glasnuggets oder -murmeln, Schmucksteine, Perlen, Stoffblumen
- Unterlagen nach Belieben: Für die vorliegenden Beispiele haben wir einerseits Holzschnittreste, andererseits Ton-Unterteller aus dem Gartencenter benutzt.
- Scheren
- Bastelkleber und Klebestifte

SO GEHT'S

1. Besprechen Sie, welche Teile des Gesichts in der Gesichtscollage auftauchen sollen. Fordern Sie die Kinder auf, sich die Materialien anzusehen und zu überlegen, was funktionieren könnte. Spiegel können Kindern aller Altersstufen helfen, genau hinzusehen und die besonderen Charakteristika eines Gesichts zu erforschen.
2. Beginnen Sie spielerisch, indem Sie sich die Materialien auf der Arbeitsfläche zurechtlegen und immer wieder neu arrangieren. So viele unterschiedliche Gesichter warten nur darauf, erschaffen zu werden! Der kleine Collagekünstler wird unweigerlich auch über Tiergesichter, Monstergesichter etc. nachdenken. Das ist völlig in Ordnung! (Für die Holz-Gesichtscollage haben wir übrigens erst Seidenpapier auf den Untergrund geklebt und erst dann darauf die einzelnen Gesichtsformen aufgelegt.)
3. Lassen Sie die Kinder selbst alle Formen ausschneiden, die sie benötigen.
4. Bieten Sie erst dann Klebstoff an, wenn die Kinder das Gefühl haben, fertig zu sein.

„Haufenweise“ Material können Kinder leichter übereinanderschichten. Legen Sie dabei erst die flachen Materialien aus (z.B. Papiere etc.), anschließend die dreidimensionalen (Federn, Knöpfe etc.).

NACHFOLGENDE ÜBERLEGUNGEN

Als Unterlage für größere „lose Teile“ haben sich die Ton-Unterteller als bestens geeignet erwiesen. Stellen Sie lediglich sicher, dass genügend Klebstoff zur Verfügung steht, sodass auch schwerere Gegenstände haften bleiben, sobald das Projekt trocknet. Auch Holzreste sind geeignet, gerade für eine moderner anmutende Gesichtscollage. Dass nur mittels einiger weniger Formen ein Gesicht auf der strukturierten Holzoberfläche entstehen kann, finde ich einfach großartig!

WEITERFÜHRENDE IDEEN

- Probieren Sie andere Untergründe aus – gespülte Plastik- oder Styropor-Essbehältnisse, Pappquadrate und -dreiecke, Papierteller, CDs oder Schallplatten und sogar ganze Stoffbündel.
- Stellen Sie dieses Projekt als zweckfreies Spiel mit losen Teilen vor. Erwähnen Sie den Klebstoff zunächst nicht.
- Setzen Sie für Selbstporträtcollagen während des kompletten Prozesses Spiegel ein oder ermuntern Sie die Kinder, sich zu zweit zusammenzutun, damit sie voneinander Collagen erstellen.

PROJEKTVORSCHLAG 2

LEBENSGROSSES SELBSTPORTRÄT

Denken Sie groß und entscheiden Sie munter, wie Ihr Collagezwilling aussehen soll!

Bei diesem Projekt können Sie überhaupt nichts falsch machen, selbst wenn Sie die hier empfohlenen Materialien durch komplett andere ersetzen. Gemusterte Scrapbook-Papierbogen oder Zeitschriftenseiten funktionieren ebenso gut wie Stoffreste!

WERKZEUG UND MATERIALIEN

- Kraft- oder Packpapier von der Rolle (Backpapier ist beschichtet und lässt sich nicht ganz so leicht bekleben) oder Pappe
- Bunt- und Filzstifte
- Garne, Stoffreste, Federn, Pompons, farbiges und gemustertes Papier – Ihrer Fantasie sind keine Grenzen gesetzt!
- Zeitschriften
- Scheren
- Klebestifte

SO GEHT'S

1. Bitten Sie die Kinder, mithilfe eines Blei- oder Filzstifts die Umrisse des jeweils anderen auf das Kraftpapier zu übertragen.
2. Nehmen Sie sich zuallererst die Gesichter vor, um die gezeichneten Umrisse zum Leben zu erwecken. Stellen Sie bunte Papiere, Zeitschriftenseiten, Scheren und Klebestifte zur Verfügung. Ermuntern Sie die Kinder, die Teile erst in Ruhe anzuordnen, bevor sie sie aufkleben.
3. Stellen Sie ihnen die Materialien vor, die sie für Kleidung, Haare und Accessoires verwenden können, und warten Sie ab, was das Interesse jedes einzelnen Künstlers weckt. Jüngere Kinder werden womöglich bereitgestelltes Material unverändert innerhalb der Konturen platzieren, während ältere sich Materialien zurechtschneiden, damit sie in die Umrisse passen.

Wenn Sie dieses Projekt mit mehreren Kindern durchführen, denken Sie darüber nach, die Untergründe an den Wänden zu befestigen und nur flache Materialien aufzubringen. So sparen Sie Platz.

4. Stellen Sie Garne, Federn, Pompons etc. für die Haare zur Verfügung.
5. Wenn genügend Zeit ist, stellen Sie zunächst sicher, dass alles festgeklebt ist, und ergänzen Sie das Werk durch allerlei lustige Details: Gürtel, Schuhe, Schmuck, Superhelden-Masken – wonach auch immer dem Künstler der Sinn steht.
6. Lassen Sie den Klebstoff gut trocknen, ehe Sie entscheiden, ob Sie die Porträts ausschneiden oder auf dem rechteckigen Hintergrund belassen wollen (der anschließend bemalt oder mit einer zusätzlichen Collage versehen werden kann).

Stoff ist manchmal nicht ganz leicht zu schneiden. Wenn Sie keine erwachsenen Helfer haben, schneiden Sie bereits im Vorfeld kleinere Stoffstücke zurecht, damit die Kinder bei der Arbeit kein Frusterlebnis haben.

NACHFOLGENDE ÜBERLEGUNGEN

Für mich persönlich bedeutete dieses Projekt eher, das Spiel mit losen Teilen auszukundschaften, als eine Collage zu gestalten. Noch während der Arbeit habe ich mir nur allzu gern angehört, was meinen Schülern dabei durch den Kopf ging. Eine Vierjährige erzählte, ihr Selbstporträt sei nur deshalb mit Pompons und Federn übersät, weil sie beim Stöbern gerade erst auf diese Dinge gestoßen sei. Man hätte leicht annehmen können, dass sie lediglich daran interessiert gewesen wäre, Material anzuhäufen; doch ihre Geschichte und die Motivation für ihre Entscheidung zu hören haben mir ungemein gefallen.

WEITERFÜHRENDE IDEEN

- Für zweckfreies Spielen können Sie ein paar vorgefertigte Kinderkonturen sowie einen Korb voller Materialien bereitstellen.
- Überziehen Sie die Körperumrisse mit selbstklebender Bucheinbandfolie und hängen Sie sie an die Wand, um ein vertikales Collagespiel zu eröffnen, oder zeichnen Sie die Umrisse mit Permanentmarker direkt auf die nicht klebende Seite der Folie, ehe Sie das rückwärtige Schutzpapier entfernen.
- Kreieren Sie Mini-Selbstporträts aus den genannten Materialien, allerdings mittels kleinerer Körperkonturen oder sogar mithilfe einer Kinderzeichnung einer anderen Person.

PROJEKTVORSCHLAG 3

VERKLEIDEN

Was gibt es Lustigeres, als sich zu verkleiden? Die Kinder werden begeistert sein, die Ausdrucke ihrer Fotos mit allen möglichen Collagematerialien zu kostümieren!

WERKZEUG UND MATERIALIEN

- Schwarz-Weiß-Fotos von jedem der kleinen Künstler
- Scheren
- festeres neutrales/einfarbiges Papier oder Bastelkarton als Untergrund
- Klebestifte und Bastelkleber
- Farbwalzen
- Bastelscheren
- Washi Tape
- farbige Aufkleber und Klebeetiketten
- Stoffreste
- Federn
- farbiges Papier

DIE VORBEREITUNG

Dieses Projekt stellt eine fantastische Variante der Fotocollage dar: Machen Sie zunächst mit dem Handy oder einer Digitalkamera je drei Fotos Ihrer Kinder und drucken Sie sie auf normalem Druckerpapier schwarz-weiß aus. Schneiden Sie die Bilder der Kinder anschließend entlang der Umrisse aus und bringen Sie sie auf einem neutralen Untergrund auf. Wenn Sie mit älteren Kindern arbeiten, dürfen diese mit der Schere selbst einen Teil der Vorbereitungen übernehmen. Jedes Kind bekommt einen Bogen festeren Bastelkartons als Untergrund. Überlassen Sie den Kindern zunächst die Fotoausschnitte, dann erst die Schalen mit Washi Tape, Klebeetiketten und anderen Materialien.

SO GEHT'S

1. Lassen Sie die Kinder die Fotoausschnitte auf dem Bastelkarton platzieren.
2. Nehmen Sie den Karton beiseite, während die Kinder mit einem Klebestift Kleber auf die Fotorückseiten auftragen. (Mit farbigen Klebestiften ist es leichter zu erkennen, ob die komplette Rückseite bedeckt ist.)
3. Sobald die Kinder die Fotos auf den Untergrund aufbringen, stellen Sie ihnen Farbwalzen zur Verfügung, um die Fotos schön glatt zu pressen.

Jetzt wird's lustig

4. Jetzt kommt das Verkleiden! Für dieses Projekt habe ich eine große Bandbreite an Materialien bereitgestellt, und die Kinder sind jeweils ganz unterschiedlich an das „Anziehen" ihrer Fotos herangegangen. Sie können Washi Tape zerreißen und zerschneiden, Stoffreste zurechtschneiden, Buntpapiere und Aufkleber bereitlegen oder ihrer Collage noch ganz andere Gegenstände hinzufügen. Nach und nach wird alles arrangiert und mit Klebestiften (für die leichteren Objekte) und Bastelkleber (bzw. Heißkleber, für die schwereren Objekte) befestigt.

NACHFOLGENDE ÜBERLEGUNGEN

Washi Tape und bunte Etiketten sind für dieses Projekt besonders gut geeignet, weil sie selbstklebend sind und so den Bedarf an Klebstoff verringern. Vielleicht möchten Sie nur eins davon anbieten – was besonders für jüngere Künstler hilfreich sein kann. Ich fand insbesondere faszinierend, wie eins der Kinder, Maeve, ganz vorsichtig gemustertes Washi Tape zerriss und zerschnitt, um daraus Kleider zu kleben. Die kräftigen Farben hoben sich hervorragend vom schwarz-weißen Fotountergrund ab. Mehr brauchte Maeve nicht, um ganz besondere Kunstwerke zu schaffen.

WEITERFÜHRENDE IDEEN

- Fordern Sie die Kinder auf, ihre Bilder möglichst aussagekräftig zu gestalten. Überlegen Sie mit ihnen gemeinsam, wie es aussehen könnte, wenn sie ihre Foto-Alter-Egos für einen kalten, verschneiten Tag ankleiden sollten, für eine Preisverleihung oder für die Ausgrabung von Dinosaurierknochen. Welche Materialien würden Sie hierfür anbieten?
- Kleiden Sie auch Schwarz-Weiß-Bilder von Tieren, Angehörigen, Prominenten oder sogar Gegenständen an! Was steht einem Kaktus besonders gut? Wie sieht es mit einem Goldfisch aus?
- Bauen Sie die Verkleidungsfotos in eine Szene ein. Ermuntern Sie die Kinder, auch den neutralen Untergrund zu bemalen, darauf zu zeichnen oder um die Fotos herum eine Collage zu erstellen.

AUS DEM CARLE-MUSEUMSATELIER

Marionettentheater

Im Atelier des Eric Carle Museum of Picture Book Art interessieren wir uns besonders für Kreativprojekte, die zum Erforschen von Materialien und dem spielerischen Ausprobieren einladen. Collagierte Marionetten beispielsweise beginnen stets mit wenigen Materialien und verwandeln sich sukzessive in Charaktere aus Geschichten, die unsere Workshop-Teilnehmer sogar füreinander aufführen können.

In der Regel ermutigen wir unsere Besucher, aus einer Vielzahl von Papierformen einige wenige auszuwählen und erst für die Ausgestaltung ihrer Figur aus dem Vollen zu schöpfen. Für unsere Marionettenprojekte stellen wir überdies gern Materialien zur Verfügung, die eine gewisse Beweglichkeit ermöglichen: Mit Papieren, Kleber, Lochern, Garn und Holzstäbchen aus dem Bastelfachhandel erwecken unsere Künstler Figuren zum Leben, die wie Marionetten tapsen, trippeln, mithilfe der Holzstäbchen auf- und abtauchen können. Wenn die Materialien erst aneinander befestigt sind, können sich die Marionetten überallhin bewegen: an der Wand entlang oder über eine Bühne.

In einem unserer Workshops haben wir aus Pappkartons solche kleinen Bühnen gebaut. Die Vorderseiten blieben offen, sodass die Marionetten – und sogar die Teilnehmer selbst! – die Köpfe hineinstecken und ihre Geschichten und Stücke zum Besten geben konnten. Die „Theaterkartons" waren zuvor in unterschiedlichen Farben collagiert worden, sodass die verschiedensten Settings entstanden. Eins der Kinder lief sofort auf den braun collagierten Karton zu und rief: „Ab in den Matsch!" Dann lief es weiter zum blauen Karton. „Und jetzt gehen wir schwimmen, um den Modder abzuwaschen!" Zu guter Letzt landete es bei den gelben und grünen Kartons, um „in der Sonne" und „im Gras" zu spielen.

Die Installation ermunterte unsere Besucher, ein fantasievolles Spiel mit dem eigenen Kunstwerk zu wagen. Außerdem diente sie dazu, die entstandenen Charaktere weiterzuentwickeln. Einige Workshop-Teilnehmer stellten während des Spiels fest, dass es ihrer Marionette noch an Details fehlte, die ihre Geschichten vorantreiben würden. So entstand ein wunderbarer Kreislauf der Kreation, des Experimentierens, Spielens und Neu-Kreierens.

Collagemarionetten ermuntern dazu, miteinander zu kooperieren – ganz gleich in welchem Alter. In unserem Museumsatelier haben wir erleben dürfen, wie Kinder Erwachsenen geholfen haben, Geschichten rund um deren Figuren zu stricken, und wie Erwachsene Kindern beim Zusammensetzen der Marionetten zur Hand gegangen sind. Bei den Vorführungen spielten dann Kinder und Erwachsene entweder in ein und derselben oder in benachbarten „Theaterkartons" und tauschten sich mittels ihrer Marionetten aus.

„Die Collage ist mehr als nur eine Kunstform. Bei der Collage geht es darum, grundverschiedene Elemente zusammenzubringen. Indem man sich solcher Verbindungen bewusst wird – sprich: auf welche Weise die einzelnen Elemente miteinander in Kontakt treten können –, vertieft man gleichzeitig das Verständnis seiner selbst und von anderen."

BRYAN COLLIER

ILLUSTRATOR UND AUTOR

(siehe auch Seite 149)

Art

KAPITEL 3

PROJEKT // Orte und Räume

Selbst die Jüngsten unter uns haben Lieblingsorte, die sie besser kennen als andere Orte. Um Kunst zu schaffen, ist tatsächlich die perfekte Voraussetzung: etwas Bestimmtes von Grund auf zu kennen. Man findet dazu leicht Zugang – und lässt sich nur zu gern davon inspirieren. Von klein an stellen wir uns wundersame Behausungen für Menschen und Tiere vor und benennen Orte, die uns Freude, Sicherheit und ein Gefühl von Zuhause vermitteln.

Die Kinder, mit denen wir arbeiten, kennen die unterschiedlichsten Orte. Die folgenden Projektvorschläge beziehen sich eher auf ein städtisches Umfeld, lassen sich aber mit einfachen Mitteln auch auf andere Orte übertragen. Für die einzelnen Vorschläge haben wir uns für unterschiedliche Materialien und Collagetechniken entschieden. Wenn Ihnen ein größerer Werkraum zur Verfügung steht, kombinieren Sie die Vorschläge und nehmen Sie sie zum Anlass für mitreißendes, aufregendes Erkunden – oder aber Sie nehmen sich zu Anfang lediglich einen Teilaspekt vor. Es gibt unendliche Möglichkeiten, Orte auszukundschaften: Kinderbücher, Fotos – oder Sie gehen mal in Ihrem Viertel spazieren und lassen sich inspirieren!

PROJEKTVORSCHLAG 4

MIT GEOMETRISCHEN FORMEN SPIELEN: BAUWERKE UND GANZE STÄDTE

Ich liebe es, für Workshops alte, vergessene Kunstwerke wiederzuverwenden. Bereits bemaltes Papier ist voller Texturen und Farbnuancen und stellt wunderbares Collagematerial dar.

Zerschneiden Sie liegen gebliebene Bilder, Zeichnungen oder Ausdrucke und sortieren Sie sie nach warmen und kalten Farben, sodass man sie leichter zur Hand hat. Wenn Sie keine „vergessenen" Bilder haben, versuchen Sie es gegebenenfalls zuallererst mit meinem Projektvorschlag zu bemalten Papieren (siehe S. 139). Genau wie beim Spielen mit Bauklötzen ist das Arrangieren und Zusammenfügen von zu geometrischen Formen zugeschnittenen Papieren eine regelrechte Einladung an Künstler jeden Alters zum Bauen und Konstruieren.

WERKZEUG UND MATERIALIEN

- festes Papier oder Karton als Untergrund
- Reste bemalten Papiers, die zu Rechtecken, Quadraten, Kreisen, Dreiecken etc. zurechtgeschnitten wurden
- Motivstanzer
- Bastelscheren
- Klebestifte
- Farbwalzen

SO GEHT'S

1. Legen Sie je einen Bogen festen Papiers auf die Arbeitsplätze der Kinder.
2. Stellen Sie ihnen eine Vielzahl bemalter Papiere, Motivstanzer und Scheren zur Verfügung.
3. Ermuntern Sie die Kinder, aus den Papieren Dinge zu „bauen", aus Schnipseln Bauwerke oder ganze Städte zu errichten oder was immer ihnen in den Sinn kommt. Einige werden sich auf die Motivstanzer stürzen; andere verwenden direkt, was immer Sie auf dem Basteltisch bereitgestellt haben. Genau deshalb schneide ich das Papier auch gern in kleine Stücke.
4. Geben Sie den Kindern genügend Zeit, um ihre Bauten zu errichten und umzubauen, bevor Sie die Klebestifte ins Spiel bringen.
5. Mit Klebestiften wird aus jedem Bauwerk ein individuelles Meisterwerk.
6. Setzen Sie Farbwalzen ein, um Papiere glatt zu walzen, die sich an den Rändern aufrollen.
7. Schlagen Sie den Kindern vor, kleinere Formen auf die größeren zu kleben, um ihren Werken mehr Strukturdetails zu verleihen.

Helfen Sie den Kindern, über ihr Werk zu sprechen, indem Sie geeignete Rahmenbedingungen schaffen. Ich greife dabei gern auf die Methode des Visuellen Denkens (Project Zero der Harvard Graduate School of Education) zurück.

NACHFOLGENDE ÜBERLEGUNGEN

Die Vielzahl schön bunt bemalter Papiere hat meine Collagegruppe begeistert. Die Kinder haben sich mit Freude die einzelnen Schnipsel angesehen und überlegt, woher sie stammen und wozu sie sie einsetzen könnten. Diese Gespräche haben dazu beigetragen, den Prozess des Auswählens, Arrangierens und Umarrangierens zu verlangsamen, noch bevor von Klebstoff auch nur die Rede war.

WEITERFÜHRENDE IDEEN

- Stellen Sie statt der bemalten Papiere in kleinere Formen geschnittenes Geschenk- oder Seidenpapier (oder handliche Stücke fürs Ausstanzen) zur Verfügung.
- Fordern Sie die Kinder auf, eine geometrische Stadt zu entwerfen, ein Schloss zu zeichnen oder welches Bauprojekt ihnen auch immer einfällt. Auf der Zeichnung entsteht im nächsten Schritt die Collage.
- Bitten Sie die Kinder, sich ein einzelnes Bauwerk in allen Details vorzustellen. (Dabei ist es hilfreich, sich Fotos oder Kinderbücher zum Vergleich anzusehen.)
- Tauschen Sie den Untergrund aus – den Papierbogen beispielsweise durch ein Stück glatt gestrichene Einkaufstüte aus Recyclingpapier, schwarzen Bastelkarton oder Alufolie. Durch die neue Unterlage bekommt das Projekt eine komplett andere Wirkung.

PROJEKTVORSCHLAG 5

GEBÄUDE AUS ZEITUNGSSCHNIPSELN: ARCHITEKTUR ERKUNDEN

Auch wenn viele von uns mittlerweile online Nachrichten lesen: Die Zeitung von gestern ist leicht zu besorgen, günstig – wenn nicht sogar gratis –, leicht zu zerreißen und zu zerschneiden und durch den Aufdruck spannend gestaltet. Zeitungspapier ist eines der Basismaterialien, die man immer vorrätig haben sollte!

Was ist die Herausforderung bei diesem Projekt? Das Zerreißen! Diesmal geht es einzig und allein darum, ungleichmäßige, schiefe Zeitungsausrisse in eine neue Form zu collagieren. Ich schneide mein Zeitungspapier gern vorab in Streifen oder Quadrate – sogar bei einem Projekt wie diesem hier. Ein zu großer Bogen Zeitungspapier wirkt für Collagekünstler jeden Alters mitunter einschüchternd. Außerdem entferne ich gern Fotos und Grafiken, bevor ich mir ein solches Projekt mit Kindern vornehme. Ich habe diesen Workshop mit älteren Kindern (von sieben bis neun Jahren) durchgeführt, wobei nichts dagegen spricht, ihn für jüngere Künstler anzupassen. Den Jüngeren sollten Sie zeigen, wie man die Finger ansetzt, um geeignete Stücke aus dem Papier zu reißen – sie sollten das Papier beidhändig mit Daumen und Zeigefinger greifen (wie beim Kneifen!) und dann die Hände behutsam voneinander wegbewegen.

Wenn Sie an weiteren Zeitungspapiercollagen interessiert sind, sehen Sie sich auch Vorschlag 9 aus Kapitel 5 an.

WERKZEUG UND MATERIALIEN

- schwarzes Tonpapier als Untergrund
- vorgeschnittene Zeitungsstreifen oder -quadrate
- Flüssigkreide-Marker
- vorgeschnittenes Seidenpapier oder andere Schnipsel
- Klebestifte
- buntes Tonpapier (Reste reichen völlig aus)
- Scheren (für später)

SO GEHT'S

1. Stellen Sie jedem Künstler einen Bogen schwarzen Tonpapiers, Zeitungsschnipsel und Kreide-Marker zur Verfügung.
2. Ermuntern Sie die Kinder, sich Bilder von Bauwerken anzusehen, oder bitten Sie sie, sich ein Gebäude vorzustellen – mit sämtlichen Konturen, die das Gebäude kennzeichnen.
3. Fordern Sie die Kinder auf, mit dem Kreide-Marker den Umriss auf den Untergrund aufzutragen. Der Kreide-Marker hebt sich optimal davor ab, und die Zeitungsschnipsel landen auf diese Weise leicht innerhalb der Kreidekonturen.
4. Let's fetz – zerreißen und zerstückeln Sie das Seidenpapier, das den Hintergrund bilden wird.
5. Sobald sich die Kinder genügend Seidenpapierschnipsel zurechtgelegt haben, können sie mit dem Hintergrund rund um ihr Bauwerk anfangen. Einige werden erst großflächig Klebstoff auf den Untergrund auftragen und dann größere Ausrisse aufkleben, während andere eher Stück für Stück vorgehen.
6. Jetzt ist das Gebäude dran: Es wird mit den Zeitungsausrissen ausgelegt. Dazu werden die zurechtgeschnittenen Schnipsel wie bei einem Puzzle innerhalb der vorgezeichneten Konturen zusammengesetzt. Dabei können die Schnipsel sich überlappen oder auch nicht – wie es den Kindern am liebsten ist.
7. Zum letzten Schritt hat mich eins der Kinder aus meinem Workshop inspiriert: Das Mädchen hatte festgestellt, dass sich sein Bauwerk nicht hinreichend vom Hintergrund abhob, und schnitt daraufhin feine Streifen aus buntem Tonpapier zurecht, um die einzelnen Segmente voneinander abzutrennen. So wurden die Konturen umso besser sichtbar.

Jüngere Kinder arbeiten besser mit größeren Papierstücken. Stellen Sie ihnen eine Vielzahl an Formen zur Verfügung.

NACHFOLGENDE ÜBERLEGUNGEN

Mayas Entdeckung, dass die Konturen ihrer Collage nicht deutlich genug zu erkennen waren, und ihre Lösung, mit starken Farben selbstständig Umrisse zu ziehen, fand ich fantastisch! Es ist unendlich wichtig, die Selbstständigkeit und Problemlösungsfähigkeit der Kinder beim Schaffensprozess zu fördern. Nur ein paar Handgriffe, und Maya war mit ihrem Werk hoch zufrieden.

WEITERFÜHRENDE IDEEN

- Dieses Projekt muss sich nicht zwangsläufig um Architektur drehen. Die Kinder können im Grunde jede Form zeichnen und mit Zeitungsschnipseln ausfüllen – beispielsweise fallen mir gefiederte Tiere ein, einfache geometrische Formen oder (für jüngere Kinder) das Collagieren rund um eine vorgezogene Linie, die sich über die Unterlage schlängelt.
- Um die Collage mit mehr Details zu versehen, können die Kinder auf die Zeitungsgrundlage farblich kontrastierende Papiere aufbringen: glänzende Folienfenster beispielsweise oder aus Zeitschriftenseiten ausgestanzte Eulenaugen.
- Mit jüngeren Kindern (selbst im Kindergartenalter) können Sie das Zerreißen und Kleben einüben, indem Sie die Form an sich erst mal außer Acht lassen.

PROJEKTVORSCHLAG 6

STADTANSICHTEN

Am liebsten sehe ich, wenn Kunst und zweckfreies Spiel eins werden. Kinder sind ungemein stolz, wenn sie etwas kreieren, woran sie beim Spielen gemeinsam mit Freunden oder für sich allein Freude haben. Wie Sie auf den Fotos sehen können, haben wir für dieses Projekt als Untergrund Holzschnittreste verwendet. Genauso gut können Sie aber auch Recyclingmaterialien wie Cornflakes-Schachteln, Kaffeedosen, Milch- oder Nudelkartons verwenden.

WERKZEUG UND MATERIALIEN

- Holzschnittreste, Schachteln oder Pappreste
- Acrylfarben
- Pinsel
- Wasserschüsseln
- Handtücher
- Klebestifte
- Zeitschriftenschnipsel
- ggf. Versiegelungs- oder Klarlack

SO GEHT'S

1. Legen Sie die Holzschnittreste aus. Für meinen Workshop habe ich sie nicht einmal vorab grundiert. Wenn Sie stattdessen Recyclingmaterialien verwenden, sollten Sie sich überlegen, ob Sie diese im Vorfeld einfarbig grundieren möchten. Zu diesem Zweck benutze ich lösungsmittel-, weichmacher- und konservierungsmittelfreie Wandfarbe (auf das Umweltzeichen achten!). Sie können die Materialien natürlich auch besprühen oder in Papier einschlagen.
2. Bieten Sie den Kindern an, die Holzflächen zunächst in verschiedenen Farben ihrer Wahl zu bemalen. Ältere Kinder möchten mit der Farbe vielleicht sogar Muster aufbringen. Die Farbe muss anschließend gut trocknen. Acrylfarbe eignet sich hierfür besonders gut, weil sie auf Holz und Recyclingmaterialien zügig trocknet, sodass Sie den Workshop nicht lange unterbrechen müssen.

Betrachten Sie dieses Projekt als Gemeinschaftserlebnis. Bauen Sie gemeinsam eine Fantasiestadt oder errichten Sie einen großen Skulpturenpark.

3. Ermuntern Sie die Kinder, aus Zeitschriftenschnipseln Details auf das Holz zu kleben, um aus den Holzschnittresten Gebäude zu fertigen. Überlegen Sie gemeinsam, welche architektonischen Charakteristika Sie dabei im Sinn haben, um das Holzstück in ein Bauwerk zu verwandeln – zum Beispiel Fenster, Türen, Säulen und Dächer.
4. Wenn der Klebstoff getrocknet ist, können Sie Versiegelungs- oder Klarlack auftragen, damit auch garantiert nichts mehr abfällt. Ansonsten – spielen Sie los!

NACHFOLGENDE ÜBERLEGUNGEN

Unsere Collage-Holzklotzgebäude ergeben nicht nur schönes Spielzeug, sondern sehen auch noch toll aus und sind hervorragend geeignet, um das Arrangieren und Umarrangieren einzuüben. Ich habe den Workshop mit Acht- bis Zehnjährigen veranstaltet, aber auch jüngere Kinder haben daran Freude und stellen sich alle möglichen Gebäude vor: Wohnhäuser, Feuerwachen, Museen, Ladengeschäfte und all die Orte, die sie aus ihrer Nachbarschaft kennen. Dieses Projekt eignet sich überdies hervorragend für Gemeinschaftsarbeiten: Dabei collagiert jedes Kind ein bis drei Gebäude. Sollten Sie mit jüngeren Kindern nicht gern Acrylfarbe verwenden, grundieren Sie im Vorfeld den Untergrund selbst und nehmen Sie wasserlösliche Temperafarbe.

WEITERFÜHRENDE IDEEN

- In der „ländlichen" Variante können Sie Ställe und Silos bauen. Aus einem Bogen in Grünschattierungen bemalten Papiers wird im Handumdrehen ein collagiertes Feld.
- Sie können auch Menschen, Straßen und Fahrzeuge auf kleineren Papp- oder Holzschnittresten collagieren.
- Errichten Sie eine futuristische Stadt mithilfe von Metallic-Farben und Alufolie, Strasssteinen und Knöpfen als zusätzlichem Collagematerial.
- Vergessen Sie das Gebäude-Thema – gestalten Sie ganz einfach eine schöne Sammlung aus kleinen collagierten Bauklötzen, mit denen die Kinder spielen können.

AUS DEM CARLE-MUSEUMSATELIER

Orte und Räume

Wann immer wir unsere Besucher zum Kunstschaffen ermuntern, bedienen wir uns einer Grundidee: nämlich des Sich-vor-Augen-Führens bestimmter Räume – sei es ein Raum, den sie gut kennen, oder einer, den sie in ihrer Fantasie entstehen lassen. In einen imaginären Raum einzutauchen und sich vorzustellen, was sich dort alles befinden könnte, stellt eine wirksame Inspirationsübung für Erwachsene ebenso wie für Kinder dar. Bei diesem speziellen Workshop haben wir Wasserfarbstifte eingesetzt, um gemeinsam eine Unterwasserwelt zu kreieren, die unsere Besucher dann mit collagierten Meeresbewohnern bevölkert haben.

Weil das Projekt sich in mehreren Stufen entwickelt hat, konnten wir im Zuge des Workshops auch unterschiedliche Materialien einsetzen. Um optimale Rahmenbedingungen zu schaffen, war im Hintergrund Meeresrauschen zu hören, und die Wasserfarbstifte setzten wir nach Art des Wassers ein: Wir ließen sie ineinanderrauschen, Wellen schlagen, sprudeln und strömen. Indem wir anschließend mit Pinseln Wasser auf die bemalten Unterlagen aufbrachten, kreierten wir eine ansprechende Lebenswelt für unsere Meeresbewohner.

Wir haben am Boden gearbeitet, damit mehr Teilnehmer um unser großflächiges Untergrundpapier zusammenkommen konnten. Bei der Arbeit entstanden Gespräche, und die Besucher beratschlagten, wo sie die Collage-Meeresbewohner oder bestimmte Wassereigenschaften verorten sollten. Sie tauschten Materialien und Ideen aus, verglichen die Nuancen ihrer farbigen Klebestifte und die Meereskreaturen, die sie collagiert hatten.

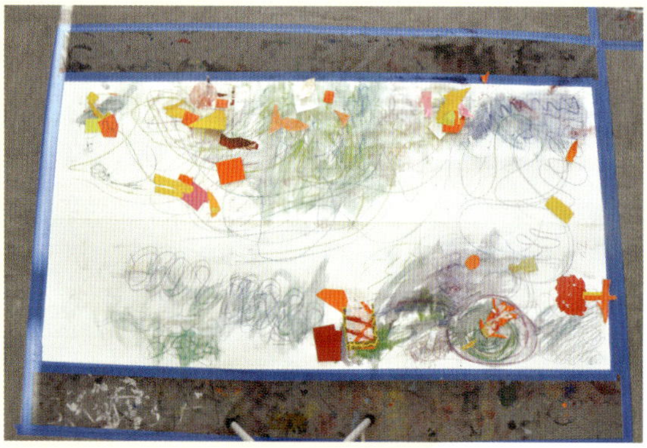

Weil wir uns für Aquarellpapier entschieden hatten, dauerte es nicht allzu lange, bis der Untergrund getrocknet war. Die Wartezeit überbrückten wir, indem wir ein Buch über das Meer und Meerestiere lasen – die perfekte Gelegenheit, um Ideen für unser Kunstwerk zu sammeln. Nachdem wir gemeinsam überlegt hatten, was wir in unserem Meer vorfinden wollten, fingen die Teilnehmer an, Collagematerialien ihrer Wahl aufzukleben, um ihre jeweiligen Meeresbewohner lebendig werden zu lassen und die Meereslandschaft zu bevölkern. Ein Besucher rief aufgeregt: „Hier kommt ein Hai!"

Die Papierschnipsel in Bilder zu transformieren geschah auf unterschiedlichste Weise: Einige Besucher zerrupften das Material, um neue Formen zu gestalten; andere falteten das Papier und hatten Spaß daran, zu sehen, wie es sich räumlich von der Wasserwelt abhob, sobald sie es festgeklebt hatten.

Die Erwachsenen halfen, die Meereskreaturen zu entwerfen, sie zu befestigen und Papierschnipselnachschub zu liefern. Auch sie tauchten im Handumdrehen in den Kreativprozess ein, assistierten zwar immer noch ihren Kindern, trugen allerdings schon bald selbst eigene Meerestiere bei.

Wir hatten uns für dieses Projekt für Wasserfarbstifte in kalten Farben für die Unterwasserumgebung und für Papierschnipsel in warmen Farben entschieden, um die Tiere zu gestalten. Sobald die bunt collagierten Tiere im blau-grün-violetten Wasser schwammen, entstand außerdem ein schöner Kontrast von Vorder- und Hintergrund.

„Die Mittel der Wahl? Farbe und Collage! Farben führen mitunter zu unvorhersehbaren Ergebnissen, während ich bei der Collage die Kontrolle habe: Da schneide ich weg, was unnötig ist, und arbeite eher minimalistisch. Die Balance aus Kontrolle und Unvorhersehbarkeit macht den Schaffensprozess für mich zu einem großen Vergnügen."

CHRISTIAN ROBINSON

ILLUSTRATOR

(siehe auch Seite 149)

KAPITEL 4

PROJEKT // Natur

Ob wir eine Gemeinschaftscollage im Stadtpark entwerfen, im Kunstatelier mit Eicheln, Laub und Zweigen als „losen Teilen“ spielen oder mit unterschiedlichen Grünschattierungen experimentieren, zu denen uns die Pflanzen in unserer Nachbarschaft inspiriert haben – damit Kind und Künstler sich entwickeln, ist der Kontakt zur natürlichen Umwelt unersetzlich. Sich in der Natur zu bewegen fördert das Selbstbewusstsein, das kritische Hinterfragen und die Kreativität, es baut Stress ab und beugt der Erschöpfung vor (bei Kindern und Erwachsenen gleichermaßen).

Angesichts all dieser wunderbaren Vorteile – warum nicht die Kunst nach draußen verlegen? Dort können wir unsere Collageerfahrungen vertiefen und bereichern, die jungen Künstler losschicken, um sich von alledem inspirieren zu lassen, was in der Natur auf sie wartet. Die hier folgenden Collageprojekte sollen Sie auf den Geschmack bringen, mit Ihren Kindern nach draußen zu gehen (ob innerhalb der Stadtgrenze oder „richtig“ ins Grüne) und dort Kunst zu kreieren. Und der zusätzliche Vorteil? Die meisten Materialien sind gratis!

PROJEKTVORSCHLAG 7

KLEBRIGE NATUR-COLLAGEN

Genau wie für Erwachsene ist es auch für Kinder oft inspirierend, sich in einer zunächst fremden Umgebung aufzuhalten. Wir haben das Glück, in der Nähe eines Stadtparks zu wohnen und ziehen mit unseren Projekten gern nach draußen um. Indem man die Materialien und das Werkzeug ins Freie verlegt, kann man einem Projekt neuen Schwung geben.

Vor allem für Kleinkinder (und im Grunde für Kinder aller Altersstufen) stellt die Arbeit mit Bucheinbandfolie und anderen selbstklebenden Materialien ein ganz besonderes Vergnügen dar. Bucheinbandfolie kann Kindern helfen, das Konzept des Sammelns so zu erfahren (Auswahl, Arrangement, Aufbringen auf den Untergrund), dass Sie dafür keinen zusätzlich Klebstoff oder Klebeband benötigen – was schon allein für ein stressfreies Bastelprojekt sorgt. Denn auf der klebrigen Folie wird so gut wie alles haften bleiben.

Für diesen „klebrigen Natur-Workshop" haben wir Blätter, Zweige und kleine Äste gesammelt, Rinde und sogar Eichelhütchen, die wir auf ein großes Stück Bucheinbandfolie aufgeklebt haben, das wir im Vorfeld zwischen zwei Bäume gespannt hatten. Als der Wind auffrischte, war die Begeisterung der kleinen Künstler für den in der Nähe umgestürzten Baum gleich umso größer. Irgendwann beschlossen wir, das komplette Projekt zurück ins Kunstatelier zu verlegen, um es dort mit weiteren Texturen und Farben zu versehen. Sie können die Collage haltbar machen, indem Sie eine zweite Lage Bucheinbandfolie auf die erste Lage kleben.

WERKZEUG UND MATERIALIEN

- selbstklebende Bucheinbandfolie
- Eimer zum Materialsammeln
- Fundstücke aus der Natur wie Laub, Zweige, Rinde etc.
- Malerkrepp, um die Bucheinbandfolie zu befestigen
- Stoff-Capes für den Ausflug ins Grüne (siehe Projekt 16 aus Kapitel 7 – natürlich optional!)

SO GEHT'S

1. Suchen Sie sich bereits im Vorfeld einen geeigneten Ort, an dem Sie die Bucheinbandfolie befestigen können. Ich habe unsere Folie im Park zwischen zwei Bäume gespannt, damit die Kinder gut das Licht betrachten konnten, das durch die transparente Folie fiel, und sowohl die nicht klebende als auch die selbstklebende Seite untersuchen konnten. Vielleicht möchten Sie Ihre Bucheinbandfolie auch um einen Baumstamm herumwickeln oder sie flach auf einem Picknicktisch oder im Gras auslegen.
2. Spazieren Sie die nähere Umgebung ab und halten Sie Ausschau nach Objekten, die Sie aufkleben können. Dies eröffnet Ihnen gleichzeitig die Möglichkeit für Gespräche. Welche Gegenstände sind leuchtend bunt und ziehen sofort den Blick an? Welche sind leicht genug, um auf der Folie haften zu bleiben? Welche könnten zu schwer sein? Welche Fundstücke sind besonders klein? Wo finden wir etwas Gelbes? Wie fühlt sich dieses oder jenes Fundstück an? Wie würdet ihr seine Form beschreiben?
3. Wenn die Eimerchen gefüllt sind, ermuntern Sie die Kinder, zur Bucheinbandfolie zu gehen und ihre Fundstücke dort zu befestigen.
4. Treten Sie mit der Gruppe ein paar Schritte zurück und bewundern Sie das Werk. Durchdringt die Sonne sämtliche Materialien, oder gibt es Unterschiede? Finden sich noch ein paar kleinere Gegenstände, die man ergänzen könnte?

Wenn Sie dieses Projekt mit einer ganzen Kindergruppe durchführen, überlegen Sie sich, Folienstücke mit der selbstklebenden Seite nach oben auf Klemmbrettern zu befestigen, damit jedes Kind während Ihres Spaziergangs oder beim Abenteuerausflug an seiner individuellen Naturcollage arbeiten kann.

5. Sie können Ihre Collage nach drinnen bringen und durch weitere (natürliche oder künstliche) Materialien ergänzen. Wir haben uns für ausgefranste Woll- und Stoffreste entschieden, was unserer Collage eine ungemein wohlige Wirkung verlieh – perfekt für den Herbst!
6. „Versiegeln" Sie Ihre Collage bei Bedarf mit einer zweiten Lage Bucheinbandfolie.

NACHFOLGENDE ÜBERLEGUNGEN

Bei diesem Projekt handelte es sich um ein einfaches, zweckfreies Kunstwerk für die Kleinsten. Während die Kinder am Prozess des Sammelns, Arrangierens und Befestigens Freude hatten, habe ich selbst mich auf die Unterhaltungen konzentriert, die wir währenddessen geführt haben. Ein weiterer Pluspunkt bei einem solchen Projekt ist, dass man hinterher kein Atelier aufräumen muss.

WEITERFÜHRENDE IDEEN

- Wenn es bei Ihnen in der Nähe keinen Park, Hinterhof oder andere Grünflächen geben sollte, können Sie dieses Projekt ebenso gut in Ihren vier Wänden ausführen – sei es mitten in der Stadt oder am Stadtrand. Spannen Sie die Bucheinbandfolie in einen Türrahmen, zwischen zwei Straßenlaternenmasten oder an einen Zaun. Gehen Sie spazieren und schauen Sie doch mal, was Ihre kleinen Künstler so finden!
- Wenn es zu kalt ist, um draußen sammeln zu gehen, oder Sie eine spannende und unterhaltsame Indoor-Variante vorziehen, hängen Sie die Folie in ein Fenster oder in eine Tür mit Glaseinsatz. Ermuntern Sie die Kinder, einen Haufen Papierschnipsel oder Stoffreste zu durchwühlen, oder bringen Sie Ihre Fundstücke aus der Natur nach drinnen ins Warme.
- Dieses Projekt eignet sich hervorragend für Kindergeburtstage oder als groß angelegte Gruppenaktivität. Laden Sie die Teilnehmer ein, aufzukleben, was ihnen in die Finger kommt – Geschenkpapierreste, Muffin-Papierförmchen, zerschnittene Strohhalme oder lustig gemusterte Servietten.

PROJEKTVORSCHLAG 8

GRÜNZEUG

Im Zuge dieses Projektvorschlags beschäftigen wir uns mit einer einfarbigen (monochromen) Komposition und einer Kombination aus Malerei und Collage. In meinem Atelier haben wir diesbezüglich viel mit der Farbe Grün experimentiert. Wir haben uns Farbkarten in unterschiedlichen Grüntönen und deren Namen angesehen und darüber gesprochen, wie man aus Blau und Gelb Grüntöne anmischen kann. Anschließend haben wir unser eigenes Salatgrün, Monstergrün und viele weitere Grüntöne angemischt. Wir haben beim „Ich sehe was, was du nicht siehst" nach grünen Materialien Ausschau gehalten – und all dies kam zu guter Letzt in einer grünen Collage zusammen. Auch dieses Projekt lässt sich leicht im Freien realisieren, wo wir auf viel grünes Laub, Gräser und andere Naturmaterialien stoßen.

WERKZEUG UND MATERIALIEN

- grundierte Pappe oder andere Untergründe für die Collage
- weiße Tonpapierreste, die später bemalt oder in die Collage integriert werden können
- Farbkarten in unterschiedlichen Grünschattierungen
- weiße, gelbe und blaue Temperafarbe
- Farbmischpaletten
- Pinsel
- Wasserschüsseln
- Bastelkleber
- grüne Dinge (Blätter, Gräser etc.)

SO GEHT'S

1. Präparieren Sie den Untergrund vor dem Workshop: Wenn Sie recycelte Pappe verwenden, wie ich es getan habe, können Sie mit einer Farbwalze rasch eine dünne Schicht weißer Farbe auftragen; Temperafarbe deckt darauf besser, sobald sie getrocknet ist.
2. Überlegen Sie, ob Sie den Kindern vorgeschnittene Tonpapierformen anbieten möchten oder lediglich Tonpapierreste und Scheren, mit denen die Kinder selbst experimentieren können. Ich habe im Vorfeld organische Formen ausgeschnitten, die aussahen wie Blätter und andere Naturmaterialien.
3. Entdecken Sie zusammen mit den Kindern, dass es in der Natur unendlich viele Grünschattierungen gibt. Das geht auf unterschiedliche Weise: Machen Sie einen Spaziergang durchs Viertel oder erkunden Sie Ihren Hinterhof, sammeln Sie alles, was grün ist (ob nun natürlich oder nicht), und sehen Sie sich Farbkarten an.
4. Ergründen Sie das Mischen von Farben! Ich habe dafür kleine Mischpaletten mit den Farben Weiß, Gelb und Blau bereitgestellt und weitere, in denen die unterschiedlichen Mischfarben entstehen sollten. In diesem Zusammenhang haben wir angefangen, unseren Grüntönen Namen zu geben.

5. Jetzt kommen die Pappunterlagen für die in verschiedenen Grüntönen angemischten Farben sowie die ausgeschnittenen Tonpapierformen ins Spiel.
6. Nehmen Sie Bastelkleber (selbst wenn die Unterlage noch leicht feucht ist), um die Formen auf die Pappe zu kleben.
7. Sehen Sie sich Ihre Sammlung aus grünen Gegenständen an. Sprechen Sie gemeinsam über die unterschiedlichen Formen, Schattierungen und Texturen. Befestigen Sie diese mit Bastelkleber auf dem Untergrund.

NACHFOLGENDE ÜBERLEGUNGEN

Während der Fokus dieses Projekts auf der Natur und der Farbe Grün lag, kann man es natürlich auch auf jede andere Farbe übertragen. Gerade bei einem derart einfachen Thema lassen sich eine Menge spannender, aufregender Gespräche führen, und Sie dürften alles, was Sie brauchen, zur Hand haben.

WEITERFÜHRENDE IDEEN

- Probieren Sie dieses Projekt zu unterschiedlichen Jahreszeiten aus. Im Frühling mag sich Grün als Thema regelrecht aufdrängen – aber was ist mit Weiß im Winter? Mit Rot und Orange im Herbst? Mit Rosa und Lila im Sommer? Versuchen Sie, echte ebenso wie künstliche Blumen in das Projekt einzubauen, Kunstschnee, Glitter und andere Elemente.
- Stellen Sie sich das Projekt als Tagesabschnitts-Erkundung vor: Wie würde es bei Nacht aussehen? Und wie am Morgen?
- Kombinieren Sie dieses Projekt mit der „Klebrigen Natur-Collage". Schaffen Sie es, gemeinschaftlich eine Collage zusammenzustellen, in der nur eine einzige Farbe vorkommt?

Die monochrome (einfarbige) Collage gehört zu den beliebtesten Projekten in der Schule und zu Hause, und die Natur mit einzubeziehen ist überall und jederzeit sinnvoll. Eine Collage aus Blütenblättern wäre eine spannende Sache!

AUS DEM CARLE-MUSEUMSATELIER

Frottage

Auch im Museumsatelier suchen wir Inspiration in der Natur – insbesondere auf den Wiesen, Hügeln und im Obstgarten direkt vor unseren Fenstern, aber auch bei den Tieren, die dort wohnen. Wann immer möglich, integrieren wir Naturmaterialien in unsere Projekte. Mit Buntstiften „Abrieb-Bilder" zu erstellen bietet die Möglichkeit, Texturen und Formen all der Gegenstände zu erkunden, die wir im Freien sammeln. Diese „Abrieb-Bilder" (oder „Frottagen") können wiederum Ausgangspunkt für Zeichnungen und Malereien sein, für Geschichten oder auch – wie es bei uns oft der Fall ist – für texturierte Collagepapiere.

Um Frottagen zu erstellen, befestigen wir Naturmaterialien auf einer glatten Oberfläche, etwa auf Pappkarton oder Spanplatten, die wir mit Besuchern unseres Ateliers gern immer wieder einsetzen. Wir stellen texturierte Papiere mittels Laub, Gräsern, dünnen Zweigen, Rinde und Samen her. (Wenn wir Naturmaterialien sammeln, gehen wir behutsam vor, haben stets im Hinterkopf, dass wir in die Natur eingreifen, und sammeln nur Blätter und Zweige, die bereits von den Bäumen gefallen sind.)

Wir tragen auf den Untergrund zunächst Modellierpaste und später Acrylfarben-Finisher auf, um die Naturmaterialien zu fixieren. Hier sollte man vorsichtig vorgehen oder die Aufgabe besser an Erwachsene übertragen, weil sowohl die Paste als auch der Finisher nicht verschluckt werden dürfen. Wenn Sie bloß ein „vergängli-

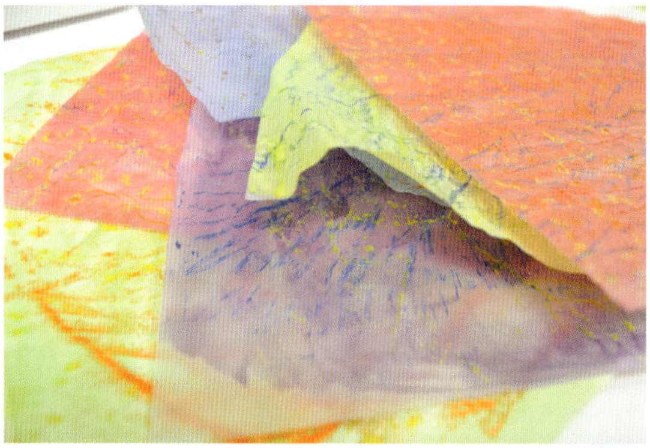

„Manchmal gehe ich einfach spazieren und halte Ausschau. Mutter Natur liefert mir meine Materialien komplett kostenfrei."

AUS *THE SCRAPS BOOK*
VON **LOIS EHLERT**
ILLUSTRATORIN UND AUTORIN
(siehe auch Seite 149)

ches“ Frottage-Bild erstellen möchten, fixieren Sie den Gegenstand mit Klebeband auf der Arbeitsfläche. Sie können auch ohne Tisch arbeiten, stattdessen Papier und Buntstifte mit nach draußen nehmen und dort von größeren Objekten wie Steinen oder Baumstämmen Frottage-Bilder erstellen.

Diese einfache Aufgabe – ein Blatt Papier auf einen Untergrund oder direkt auf ein Objekt aufzulegen und mithilfe eines Stifts die darunterliegende Struktur abzubilden – entpuppt sich jedes Mal wieder als spannende Tätigkeit und erzielt unerwartete Ergebnisse! Nehmen Sie nacheinander verschiedenfarbige Buntstifte zur Hand, drehen Sie die Unterlage bei jedem Versuch oder probieren Sie unterschiedliche Objekte unter ein und demselben Papierbogen aus, um die Komplexität und den Texturenreichtum zu steigern. Auf die Frottage-Bilder können Sie anschließend Wasserfarben auftragen, die von den Buntstiftlinien abperlen – was einen weiteren Kontrast hinsichtlich der Textur zur Folge hat.

Die Papiere, die durch derlei einfachen Buntstiftabrieb entstehen, sind an sich bereits spannend, stellen aber auch einen hervorragenden Ausgangspunkt für wieder neue Projekte dar. Oftmals erstellen wir eine Vielzahl solcher Bilder, die wir dann beiseitelegen, um sie später als Collagepapiere wiederzuverwenden. Mitunter erinnern uns Farben und Muster auf den Papieren an irgendetwas – an die Farben des Sonnenuntergangs oder an einen schuppigen Fisch –, und diese Assoziation dient dann als Grundlage für neue, größere Projekte.

Die Papiere wirken umso inspirierender, wenn wir sie unserer großen Sammlung bemalter Papiere hinzufügen. Die allermeisten Papiere, die bei uns gestaltet werden, heben wir auf,

selbst wenn sie hier und da unfertig wirken oder nicht so gelungen sein sollten wie ursprünglich gedacht. Bei irgendeinem zukünftigen Projekt bieten sie womöglich genau die perfekte Kombination aus Linien und Farben, die das nächste Kunstwerk inspirieren.

KAPITEL 5

PROJEKT // Kontraste

Immer, wenn man den Fokus nicht auf das Endergebnis, sondern auf den Entstehungsprozess legt, kommt es zu spannenden Begegnungen zwischen Kunst und Spiel. In diesem Kapitel erkunden wir das Konzept „Kontraste", indem wir auf spielerische Weise Kunst kreieren, die auf gegensätzlichen Elementen beruht: etwa durch raue oder glatt schimmernde Oberflächen auf bemalten Stücken Pappkartons. Wir finden heraus, was passiert, wenn gegensätzliche Materialien und Werkzeug zusammengebracht werden: Wasserfarben beispielsweise mit trockenem, porösem Zeitungspapier oder transparente Folienstücke mit farbenfroh kreidigen Untergründen. Wir vergleichen und analysieren, wie ein kleines collagiertes Insekt auf einem kleinen weißen Kartonquadrat im Gegensatz zu einer riesigen, gemeinschaftlich gestalteten Leinwand wirkt.

In jedem der hier folgenden Projektvorschläge sollen letztlich Kontraste erkundet werden; dabei gibt es keinerlei Vorgaben, wie das Kunstwerk genau aussehen soll. Auf diese Weise ermuntern wir die Kinder, sich selbst auszuprobieren und zu entdecken, selbst die Kontrolle über ihre Vorgehensweise zu übernehmen und innerhalb eines geschützten Rahmens Risiken einzugehen.

Bistro Chalk Marker
Marqueur Craie • Marcador de Tiza

PROJEKTVORSCHLAG 9

ZEITUNG UND WASSERFARBEN

Dieses Projekt ist in unserem Atelier eher versehentlich entstanden! Ich hatte gerade eine Farbmischpalette mit angerührten Wasserfarben vorbereitet und daneben einen Stapel Zeitungspapier abgelegt. Ich war ein bisschen in Eile – und in der Hektik ist Farbe über die trockene, rissige Zeitung geschwappt. Das Ergebnis konnte sich sehen lassen!

Angesichts eines so einfach vorzubereitenden Projekts und für derlei superleicht bereitzustellende Materialien sehen die Ergebnisse erstaunlich spannend aus. Hier trifft nass auf trocken, Farbe auf Schwarz und Weiß. Sehen Sie sich auch Projektvorschlag 5 aus Kapitel 3 an, wenn Sie mit Ihren Kindern gleich mehrere Aspekte bearbeiten möchten.

WERKZEUG UND MATERIALIEN

- Zeitungsschnipsel
- Scheren
- schwarzes Tonpapier als Untergrund
- Klebestifte
- Wasserfarbkasten oder bereits angerührte Wasserfarben in kleinen Gläsern oder Bechern
- Wasserschälchen
- Pinsel
- Küchenpapier oder Geschirrtücher, um die Pinsel abzutupfen
- Kreide-Marker

SO GEHT'S

1. Stellen Sie Zeitungspapier und Scheren für alle bereit.
2. Ermuntern Sie die Kinder, mithilfe der Scheren das Zeitungspapier zu zerschneiden (oder es alternativ mit den Fingern zu zerreißen), sodass unterschiedliche Formen entstehen.
3. Während die Kinder ihre Zeitungsschnipsel vorbereiten, erkundigen Sie sich, wie sie die Schnipsel auf dem schwarzen Tonpapier arrangieren wollen.
4. Erst im nächsten Schritt bieten Sie ihnen Klebestifte an. Mir persönlich ist immer lieber, dass sie sich auf das Arrangieren und Umarrangieren der Formen konzentrieren, ehe ich ihnen Klebstoff an die Hand gebe.
5. Wenn die Schnipsel fixiert sind, bringen Sie die Wasserfarben und Kreide-Marker ins Spiel.
6. Während die Kinder mit den Farben experimentieren, werden sie herausfinden, dass die Kreide-Marker deutlich deckender und, na ja, irgendwie kreidig sind. Im Unterschied dazu weichen Wasserfarben das Zeitungspapier auf und sind eher durchscheinend. Die Kombination aus beidem ist ein echter Hingucker!

Für diese Bilder waren Kreide-Marker gar nicht notwendig – Mal- und Straßenkreiden haben genauso gut funktioniert!

NACHFOLGENDE ÜBERLEGUNGEN

Für diesen Projektvorschlag habe ich Wasserfarbkästen bereitgestellt, aber ich mag flüssige Wasserfarben eigentlich lieber. Wenn Sie sich an flüssige Farben nicht richtig herantrauen – keine Angst! Sie sind wirklich leicht zu handhaben – stellen Sie einfach nur sicher, dass Sie die Farben (und ein bisschen Wasser zum Verdünnen) in Gefäße mit Deckeln umfüllen, damit Sie sie verschließen und jederzeit wieder verwenden können. Flüssige Wasserfarben sind so viel reichhaltiger an Farbpigmenten als die Farben aus Wasserfarbkästen, und es gibt sie sogar in Neon- und Metallic-Tönen.

WEITERFÜHRENDE IDEEN

- Um mit nass und trocken zu experimentieren, bieten Sie den Kindern gefüllte Sprühflaschen an, mit denen sie das Zeitungspapier anfeuchten können. Was passiert da? Alternativ können Sie auch weiche Tropfflaschen und Pipetten anbieten, mit deren Hilfe die flüssigen Wasserfarben auf die Collage geträufelt werden. So entstehen unterschiedliche Effekte.
- Probieren Sie unterschiedliche Mal-/Kreidestifte auf der Zeitungspapiercollage aus.
- Bringen Sie zur Abwechslung erst Wasserfarben auf die Zeitung auf, bevor Sie sie zurechtschneiden und eine Collage erstellen.

PROJEKTVORSCHLAG 10

SCHWARZ UND WEISS

Bei diesem Projekt wird es kontrastreich! Sobald Sie anfangen, Materialien für dieses Projekt zusammenzutragen, empfehle ich Ihnen, einen festen Platz für ein Tablett, eine Tasche oder Schachtel auszuwählen, in der sämtliche spannenden schwarzen und weißen Materialien landen.

Diesen Workshop habe ich für eine Gruppe Drei- bis Fünfjähriger ausgerichtet. Dieser Altersgruppe biete ich gern selbstklebende Materialien für ihre Collagen an: So braucht man keinen Klebstoff mehr und das Aufräumen geht sehr viel schneller! Sofern Klebestifte zum Einsatz kommen, können Sie z. B. Zeitungspapier anbieten (und diesen Projektvorschlag mit dem „Gebäude aus Zeitungsschnipseln"-Vorschlag 5 aus Kapitel 3 kombinieren). Eine weitere spannende Ergänzung für diesen Collagestil sind großformatige Drucker-Etiketten, auf die mit einem schwarzen Stift gemalt und gezeichnet werden kann. So kann man auch gleich die Kunstform „Zeichnung" in die Collage integrieren – und wer wollte nicht seine eigenen Sticker entwerfen?

WERKZEUG UND MATERIALIEN

- Klebeetiketten und Aufkleber (auch großformatige, auf denen man zeichnen kann)
- schwarze Filzstifte
- schwarzes und weißes Klebeband (z. B. weißes Malerkrepp, Washi Tape etc.)
- schwarzes und weißes Tonpapier als Untergrund
- schwarze und weiße Papierschnipsel
- gemustertes Seidenpapier
- Scheren
- Klebestifte für alles, was nicht selbstklebend ist

SO GEHT'S

1. Stellen Sie zunächst quasi als Aufwärmübung großformatige weiße Klebeetiketten und schwarze Filzstifte zur Verfügung. Schlagen Sie den Kindern vor, ihre eigenen Sticker zu entwerfen. Sie können Bilder malen und zeichnen, Muster und Linien aufbringen – jeder gerade so, wie er will.
2. Ermuntern Sie die Kinder, mit ihren selbst entworfenen Stickern und anderen selbstklebenden Materialien auf dem Tisch zu spielen und sie zu einer Collage zu arrangieren und zu fixieren.
3. Was nicht selbstklebend ist, beispielsweise Zeitungs- und Seidenpapier, wird mithilfe von Klebestiften oder Stickern, Klebeband oder Etiketten befestigt.

NACHFOLGENDE ÜBERLEGUNGEN

Die Kinder aus diesem Workshop haben mit Begeisterung Klebeetiketten bemalt. Mit viel Liebe zum Detail brachten sie Labyrinthe, Muster und Symbole auf. Ich hatte mir diesen Einstieg in das Projekt als eine Art Aufwärmübung vorgestellt; am Ende verbrachten die Kinder damit sehr viel mehr Zeit als mit der Collage selbst, was für mich völlig in Ordnung war. Auf diese Weise lernt man, den Kindern bei der Kunst die Führung zu überlassen.

Üblicherweise gibt es keinen Grund, sie in eine andere Richtung zu steuern, sobald sie erst Fahrt aufgenommen haben. Zudem werden sie sich viel besser mit ihren Werken identifizieren, wenn sie nicht sofort weiter zum nächsten Arbeitsschritt wechseln müssen.

WEITERFÜHRENDE IDEEN

- Wie würde dieses Projekt in den Farben des Regenbogens aussehen? Tauschen Sie die schwarzen Filzstifte und natürlich auch Etiketten und Klebebänder gegen farbige aus!
- Nutzen Sie dieses Projekt, um den Kindern zu erklären, was Komplementärfarben sind: Rot versus Grün, Gelb versus Violett, Orange versus Blau.
- Schlagen Sie den Kindern vor, ein Kunstwerk allein aus ihren selbst gestalteten Stickern zu schaffen, wahlweise allein aus schwarzem und weißem Klebeband.
- Schlagen Sie älteren Kindern vor, die großformatigen Etiketten mit Endlosmustern (oder anderen Motiven) zu versehen, und setzen Sie nur dieses Material für die Collage ein.

PROJEKTVORSCHLAG 11

KLEIN UND GROSS

Der am klarsten erkennbare Gegensatz ist für Kinder klein versus groß. Für dieses Projekt habe ich ihnen erst das Prinzip „klein" nahegebracht und daraus im nächsten Schritt „groß" abgeleitet. Ich bin davon überzeugt, dass Kinder ganz wunderbar kleinformatige Projekte bearbeiten können. Das Format bietet Überschaubarkeit, ist aber auch eine Herausforderung.

Für diese zwei Kontrast-Projekte habe ich mich für das Thema „Insekten im Garten" entschieden. Zunächst sahen wir uns Bilder unterschiedlicher Insekten an: Käfer, Falter etc. Im Internet hatte ich zu diesem Zweck schöne Fotos ausgesucht und im Vorfeld ausgedruckt. Außerdem hatte ich einen Vorrat an kleinen Zeitschriftenschnipseln vorbereitet. Einige der Kinder, die früh dran waren, halfen mir, die Schnipsel nach Farbfamilien zu sortieren.

Das Papier bereits im Vorfeld zu zerschneiden und zu sortieren erleichtert es den kleinen Künstlern ungemein, bei der Projektarbeit gleich zu finden, wonach sie suchen, und über das ursprüngliche Bildmotiv auf der Seite hinwegzusehen. Meiner Erfahrung nach wird das Collagieren aus Zeitschriftenpapier so viel leichter: Sobald die Kinder keine kompletten Abbildungen mehr vor sich sehen, richten sie ihre Aufmerksamkeit auf Textur und Muster, die sie vor Augen haben.

Nachdem die Künstler ihre Insekten entworfen hatten, suchten sie sich eine Schachtel oder einen Blechdeckel, in dem zwei, drei Insekten Platz fanden.

Die ausgedruckten Internetbilder der Insekten benutzten wir im nächsten Schritt für unsere große Gemeinschaftscollage. Dafür beschäftigten wir uns erst mit dem Leinwand-Hintergrund und grundierten ihn mit Farbwalzen in schwarzer Temperafarbe. Während die Farbe trocknete, unterhielten wir uns darüber, wie sich das Leben als winziges Insekt im Garten wohl anfühlen oder wie es aussehen könnte. Wir überlegten, wie wir größere Papierschnipsel zurechtschneiden oder -rupfen sollten, um für die große Gartencollage Blüten herzustellen.

WERKZEUG UND MATERIALIEN

für das Klein-Collageprojekt

- Bildvorlagen von Insekten zur Ansicht
- zerschnittene und sortierte Zeitschriftenschnipsel in einer Vielzahl von Farben, Mustern und Texturen (Mode- und Kunstmagazine bieten hier die vielfältigsten Möglichkeiten)
- Buntstifte
- Scheren
- kleine Stücke weißen Bastelkartons
- Klebestifte
- schwarze Filzstifte
- Deckel von Schachteln oder Dosen

für das Groß-Collageprojekt

- eine große Leinwand* oder ein großer Bogen Bastel- oder Plakatkarton
- Temperafarbe und Farbroller oder weitere Papiere, mit denen der Hintergrund collagiert werden kann
- Seiden- und Geschenkpapier
- Bastelkleber in kleinen Bechern sowie Pinsel

** Halten Sie in Trödelläden Ausschau nach bemalten Leinwänden und grundieren Sie sie vor Ihrem Workshop neu.*

SO GEHT'S

für das Klein-Collageprojekt

1. Nehmen Sie zunächst die Insektenbilder unter die Lupe. Was entdecken unsere kleinen Künstler? Welche Details erkennen sie? Welche Formen? Welche Farben, Umrisse und Muster?
2. Erkunden Sie die Collagematerialien.
3. Zeichnen Sie die gewünschten Formen auf der Rückseite des Magazinschnipsels vor (die Flügel, den Körper, den Kopf etc.) und schneiden Sie sie aus.
4. Arrangieren Sie die ausgeschnittenen Formen und kleben Sie sie auf ein kleines Stück Bastelkarton.
5. Mit den schwarzen Filzstiften ergänzen Sie Details wie beispielsweise Fühler, Beinchen und andere Körperteile.
6. Kreieren Sie auf die Weise so viele Insekten, wie Sie möchten!
7. Nehmen Sie sich einen Deckel und setzen Sie die Insekten hinein.

für das Groß-Collageprojekt

1. Vergleichen Sie zuallererst die Größen und Formate Ihrer Klein-Collagen mit der riesigen Leinwand.
2. Grundieren Sie die Leinwand in einer Hintergrundfarbe oder collagieren Sie sie aus Papierschnipseln.
3. Reißen und schneiden Sie größere Seidenpapierschnipsel zurecht und schichten Sie sie zu Blüten auf. Die gleiche Technik benutzen Sie mit spannend gemustertem Geschenkpapier.
4. Kleben Sie die Schnipsel mit Bastelkleber und Pinsel auf.
5. Bringen Sie die Insekten wieder ins Spiel: Schlagen Sie den Künstlern vor, sie in die große Collage zu integrieren.

Das Kontrast-Projekt wird für die kleinen Künstler umso spannender, wenn Sie es mit einem speziellen Thema versehen: Interessant könnten beispielsweise Klein-Groß-Projekte zum Thema Verkehr, Städte, Unterwasserwelten oder sogar Weltall sein.

NACHFOLGENDE ÜBERLEGUNGEN

Die zwei Collagen miteinander in Verbindung zu bringen und Insektenbilder sowohl als Vorlage wie auch als Collagematerial einzusetzen hat großen Spaß gemacht. Auch der Übergang vom Einzelprojekt zur Gemeinschaftsarbeit hat wunderbar funktioniert, sobald wir uns „warmcollagiert" hatten. Die jüngsten Künstler im Workshop hatten besonders viel Freude daran, ihre collagierten Insekten mit jeder Menge Beinchen zu versehen, während die älteren eher darauf bedacht waren, die Insekten in allen Einzelheiten nachzugestalten.

PROJEKTVORSCHLAG 12

OBERFLÄCHENSTRUKTUREN

Die Kontraste-Idee kann auf viele Arten in Workshops eingebracht werden. Beim folgenden Projekt lernen die Kinder, wie sich verschiedene Materialien anfühlen; mir war bewusst, dass ich die Farbauswahl hier würde limitieren müssen; ich entschied mich für warme Farben.

Dieses Projekt bietet eine hervorragende Möglichkeit, jüngeren Kindern sprachliches Handwerkszeug zum Thema Beschaffenheit und Struktur an die Hand zu geben und die Fähigkeit des Vergleichens und Gegenüberstellens zu fördern. Es eignet sich bereits für Kinder ab anderthalb Jahren, weil es bereits in diesem Alter unendlich viel zu entdecken gibt!

WERKZEUG UND MATERIALIEN

- Pappquadrate als Untergrund
- Acryl- oder Temperafarben
- Pinsel
- Wasserschüsseln
- Handtücher
- Bastelmaterial mit unterschiedlichen Oberflächenstrukturen: Sandpapier, Wellpappe, Alufolie, Schräg- und Zierbänder, Stoff- und Wollreste (endlich haben Sie eine Verwendung für all Ihre Woll- und Garnreste!), Konfetti oder was immer Sie sonst noch vorrätig haben
- (ggf. bunt eingefärbter) Reis oder Körner (optional)
- Bastelkleber

SO GEHT'S

1. Legen Sie die Pappquadrate aus. Schlagen Sie den Kindern vor, die Oberfläche zunächst bunt zu bemalen. Sie werden feststellen, dass einige Kinder die Pappe im Handumdrehen mit weit ausholenden Bewegungen eingefärbt haben, während andere sich eher für ausgeklügelte Muster entscheiden.
2. Legen Sie die bemalten Pappquadrate beiseite.
3. Stellen Sie jetzt Tabletts mit Collagematerial bereit. Laden Sie die Kinder ein, die verschiedenen Materialien zu ertasten. Können sie mit Worten beschreiben, wie sich die unterschiedlichen Gegenstände anfühlen?
4. Fordern Sie die Kinder auf, sich zu überlegen, wie sie das Collagematerial auf den Untergrund aufbringen möchten, und stellen Sie erst danach Klebstoff zur Verfügung.

NACHFOLGENDE ÜBERLEGUNGEN

Wir haben erst in letzter Minute den bunt gefärbten Reis ins Spiel gebracht (der aus einer sogenannten Fühl- oder Tastkiste übrig geblieben war). Er entpuppte sich als Highlight des Workshops; allerdings war der Reis auf den Collagen letztlich auch sehr dominant. Womöglich sollten Sie derlei Material nur vereinzelt einsetzen. Schlagen Sie den Kindern vor, Kleber auf die Unterlage

Wenn Reis o. ä. zu einer Herausforderung wird, nehmen Sie entweder Tabletts als Untergrund oder verlegen Sie das Projekt nach draußen. So wird das Aufräumen einfacher!

aufzutragen und dann den Reis aus kleinen Bechern darüberrieseln zu lassen. Den überschüssigen Reis kann man einfach in ein Tablett kippen.

Wenn Sie jetzt wissen wollen, wie man Reis einfärbt – das ist kinderleicht! Ich stelle üblicherweise drei oder vier Farben gleichzeitig her. Schütten Sie Reis in so viele Tabletts oder Teller, wie Sie Farben haben. Beträufeln Sie den Reis mit Essigessenz oder Reinigungsalkohol, gießen Sie anschließend flüssige Wasserfarbe oder Lebensmittelfarbe darüber und mischen Sie alles gut durch. Sollte die Farbe sich nicht gleichmäßig verteilen, geben Sie ein bisschen mehr Wasser hinzu. Sobald der Reis getrocknet ist (ich lasse ihn mindestens ein paar Stunden, besser noch über Nacht trocknen), können Sie den Reis entweder mischen oder ihn farblich sortiert lagern, um ihn später auf Collagen aufzubringen.

WEITERFÜHRENDE IDEEN

- Diese Idee lässt sich wunderbar mit dem Schwarz-Weiß-Projekt (Vorschlag 10 aus Kapitel 5) kombinieren. Stellen Sie dafür nur schwarze und weiße Farbe und Collagematerialien zur Verfügung: Wattebäusche zum Beispiel, zierliche Kaffeetassen-Papieruntersetzer, Wattestäbchen, Verpackungs- und Füllmaterial aus Styropor und weiß glänzendes Geschenkpapier.
- Fordern Sie die Kinder auf, sich ein Tier auszudenken und eine Collage zu erstellen, die vom Äußeren des Tieres selbst inspiriert ist. Heraus kommen gefiederte Eulen, schuppige Schlangen, klebrige Schnecken …
- Schlagen Sie den Kindern vor, eine Collage aus unterschiedlich texturierten Flächen herzustellen – wie bei einem Flickenteppich.

PROJEKTVORSCHLAG 13

DURCHSICHTIG UND DECKEND

Die braunen Einkaufstüten aus dem Supermarkt kommen wieder zum Einsatz! Schneiden Sie sie in Rechtecke. Ich finde es einfach großartig, wie die Farben von Stiften, besonders die von leuchtenden, deckenden Malkreiden, auf Recyclingpapier haften. Dieses Collageprojekt basiert auf einem Malspiel, das Kindern jeden Alters eine Menge Spaß machen wird.

WERKZEUG UND MATERIALIEN

- braune Papier-Einkaufstüten
- schwarze Filz- und Folienstifte
- Malkreiden
- Transparentpapier (wenn Sie keines zur Verfügung haben, schneiden Sie durchsichtige Plastikfolien, etwa aus Klarsichthüllen, zurecht)
- Klebestifte

SO GEHT'S

1. Fordern Sie die Kinder auf, mit einem schwarzen Filzstift von einem Ende des Papiers zum anderen und wieder zurück wellenförmige Linien aufzubringen. Hier geht es darum, möglichst viele Winkel und Ecken entstehen zu lassen, die hinterher mit den Malkreiden ausgefüllt werden.
2. Sobald die Kinder mit der Zahl ihrer Linien und Kurven zufrieden sind, verteilen Sie die Malkreiden.
3. Wenn so viele Flächen ausgemalt wurden wie gewünscht, überlegen Sie mit den Kindern, ob sie Stücke des Transparentpapiers oder Schnipsel des durchsichtigen Plastiks zu ihren Collagen hinzufügen möchten. Eine Künstlerin aus dem Workshop fand heraus, dass sie das Transparentpapier über ein bestimmtes Feld legen und dann den Umriss exakt ausschneiden konnte.
4. Dekorieren Sie mithilfe schwarzer Folienstifte und/oder mit Malkreiden so viele Transparentpapierstücke wie gewünscht mit Mustern, Linien und Motiven.
5. Mit einem Klebestift, der transparent trocknet (was bei den meisten der Fall ist), kleben Sie die Transparentpapierstücke auf die Collage.

NACHFOLGENDE ÜBERLEGUNGEN

Die Inspiration für dieses Projekt stammte ursprünglich von einer Fünfjährigen, die ich beim Kritzeln beobachtete. Für ihre Altersgruppe erwies es sich als Riesenhit! Ich kann mir allerdings vorstellen, dass auch ältere Kinder Spaß daran haben. All die kleinen Ecken und Flächen auszufüllen ist einfach unendlich befriedigend und meditativ.

WEITERFÜHRENDE IDEEN

- Benutzen Sie Acryl- oder sogar Wasserfarben, um die einzelnen Flächen auszumalen, lassen Sie diese jedoch gut trocknen, bevor Sie das Transparentpapier obenauf collagieren.
- Entwerfen Sie einen schlichteren oder lockereren Hintergrund, bevor Sie das bemalte Transparentpapier aufkleben.
- Mit jüngeren Kindern können Sie die Schlangenlinien auch auf das Transparentpapier auftragen und dieses anschließend in Stücke schneiden (oder auch nicht), um es auf ein bereits vorhandenes Kunstwerk aufzubringen.
- Experimentieren Sie mit den bemalten Transparentpapierschnipseln auf anderen durchsichtigen Plastikstücken. Halten Sie beides vor ein Fenster und lassen Sie das Sonnenlicht hindurchscheinen.

AUS DEM CARLE-MUSEUMSATELIER

Gemeinschaftsarbeit und Kontraste

Kürzlich haben wir in einem Atelierprojekt das Konzept „Kontraste“ erforscht, indem wir die Wirkung von Farbe auf schwarzen und weißen Hintergründen untersucht haben. Anschließend haben wir all die individuellen Mal-Experimente zu einer großformatigen Collage zusammengefügt. Das Ergebnis konnte sich sehen lassen!

Wir hatten unsere Besucher aufgefordert, mit Stempeln Gold- und Silberfarbe auf den Untergrund aufzutragen und mit überlappenden oder sich fortsetzenden Mustern zu experimentieren. Indem wir die Farbwahl einschränkten, war von vornherein optisch für Harmonie gesorgt, auch nachdem wir die einzelnen Werke zu einem großen Ganzen zusammensetzten. Außerdem hatte es den Vorteil, dass unsere Stempelkissen länger sauber blieben.

Für unsere großformatige Installation, die mit der Zeit und mit jedem neuen Besucher weiter anwachsen sollte, brauchten wir eine Grundform, die wir leicht zusammensetzen konnten. Dabei sahen wir uns Strukturen aus der Natur an und einigten uns letztlich auf ein Sechseck, wie es in Bienenwaben vorkommt. Wir befestigten einige Sechsecke an unserer Ausstellungswand und ermunterten unsere Gäste, die von ihnen gestalteten Sechsecke an bereits hängende anzufügen. Obwohl wir bereits eine vage Vorstellung hatten, wie die Installation letztlich aussehen würde, waren wir ungemein überrascht, zu erleben, wie sie nach und nach die Ausstellungswand verließ und sich irgendwann über das komplette Atelier erstreckte – von der Eingangstür bis zur Fensterfront!

Unsere Besucher führten spannende Gespräche über die Platzierung ihres Werks. Wollten sie der Installation eine neue Richtung geben? Oder Löcher innerhalb der Struktur füllen? Nachdem die Waben irgendwann über den ursprünglichen Rahmen hinausgewachsen waren, beschlossen wir, die Collage an der gegenüberliegenden Wand fortzusetzen. Wo immer man sich jetzt im Raum befand, waren rundherum Waben zu sehen, die uns das Gefühl gaben, dass wir innerhalb unseres Bienenstocks gemeinsam ein einzigartiges Kunstwerk schufen.

Unsere Besucher hatten große Freude daran, sich vom entlegenen Ende des Ateliers die Installation anzusehen und das spezielle Muster zu betrachten, das die kontrastierenden Sechsecke bildeten. Aber auch aus der Nähe boten die Sechsecke spannende Muster und schimmernde Texturen. Mit der Zeit verwob sich die Installation sogar mit anderen Atelierobjekten und mit unserer Beschilderung!

Nachdem wir die Installation abgenommen hatten, konnten wir noch lange mit all den wunderbar bestempelten Papieren arbeiten. Sie flossen in unseren Collagepapiervorrat ein, um später für neue Kunstwerke zerschnitten, neu zusammengesetzt und verarbeitet zu werden.

„Meine bemalten Papiere sind meine Palette: Mit den Jahren sind sie immer detaillierter geworden, immer komplexer und reichhaltiger. Einige sind zu eigenständigen Kunstwerken gereift."

ERIC CARLE

ILLUSTRATOR UND AUTOR

(siehe auch Seite 149)

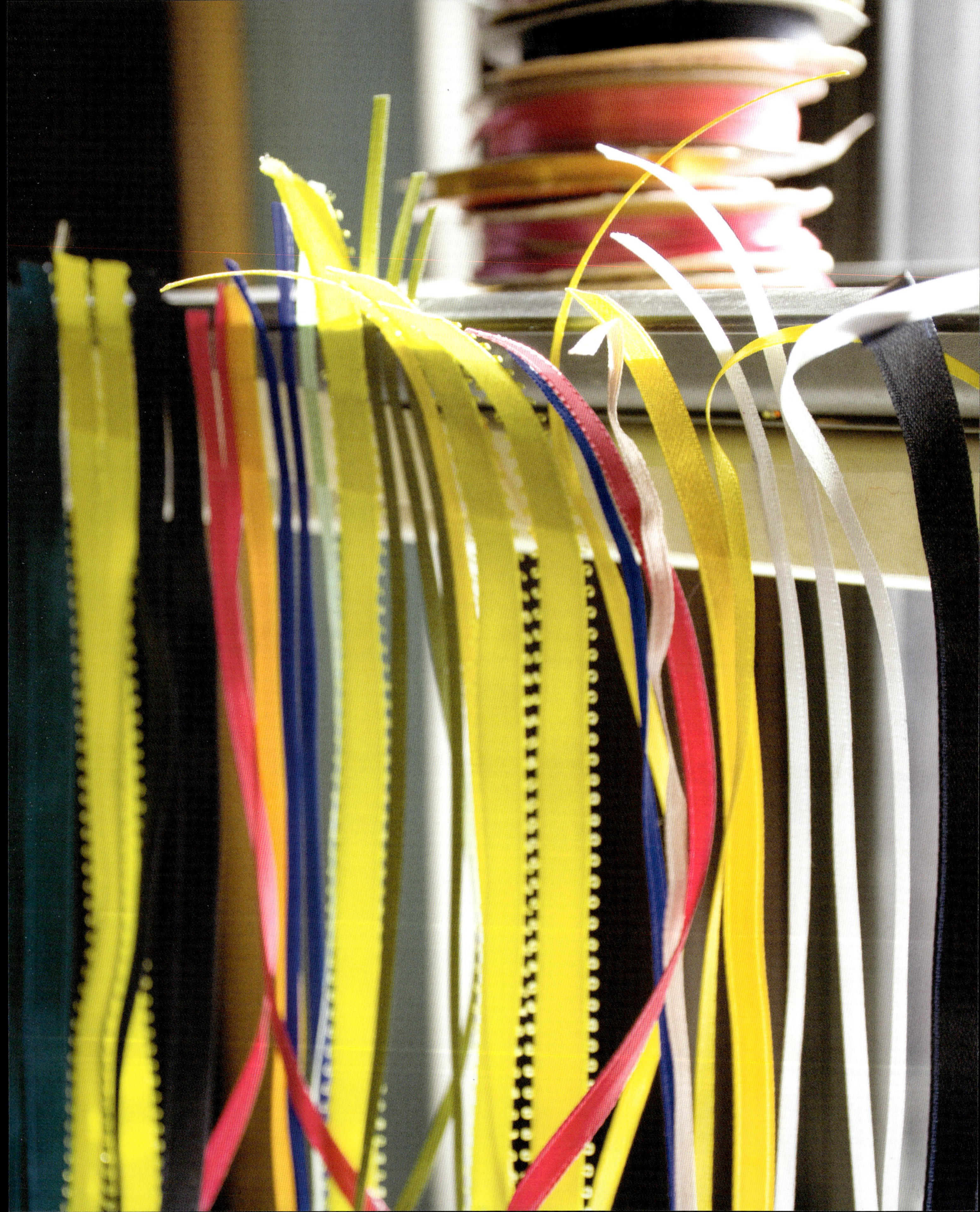

KAPITEL 6

PROJEKT // Konstruktion

Was genau fasziniert junge Künstler so sehr am Bauen und Konstruieren? Auf einem flachen Untergrund zu arbeiten kann durchaus befriedigend sein – aber versuchen Sie mal, ein Stück collagiertes Papier in eine zylindrische Form zu falten! Oder Löcher hineinzubohren, um in eine Cornflakes-Schachtel zu spähen und auszuprobieren, wohin die Kunst Sie führen mag! Es gibt unzählige Möglichkeiten, auf dreidimensionalen Untergründen Collagen zu erstellen, zum Beispiel Holzreste (siehe auch Projektvorschlag 6 aus Kapitel 3), allerdings kann man Collagen auch auf anderem Baumaterial erstellen – auf Mobiles, Skulpturen, Recyclingmaterialien u. v. m. Bei diesen Collageprojekten hat man aus sämtlichen Blickwinkeln Spaß!

PROJEKTVORSCHLAG 14

BLICK INS INNERE

Schnappen Sie sich Ihre Cornflakes-Schachtel! Dieses Projekt kann viele Wege einschlagen und unendlich vielen Ideen folgen – definitiv eines, das für Kinder jeden Alters geeignet ist.

WERKZEUG UND MATERIALIEN

- Cornflakes-Schachteln
- Papp- oder Präsentationskartonstreifen, die in die Cornflakes-Schachtel passen
- ggf. lösungsmittel-, weichmacher- und konservierungsmittelfreie Wandfarbe
- Acrylfarben
- schmale Farbroller
- Pinsel
- Wasserschüsseln
- Papiertücher
- Permanentmarker
- Mehrzweck- und Bastelscheren (ggf. Cutter)
- Motivstanzer
- Zeitschriftenseiten
- Klebestifte und Bastelkleber
- ggf. Pfeifenreiniger, Perlen und Federn

SO GEHT'S

1. Grundieren Sie im Vorfeld die Cornflakes-Schachteln und Pappstreifen. Ich benutze dazu lösungsmittel-, weichmacher- und konservierungsmittelfreie Wandfarbe und einen schmalen Farbroller. Damit ist die Farbe zügig deckend aufgetragen. Acryl- und Temperafarben funktionieren ebenfalls.
2. Fragen Sie die Kinder, was sie gern in der Schachtel entdecken würden und wie sie es schaffen könnten, von außen in die Schachtel zu spähen (Löcher bohren, Türen oder eine große Öffnung schneiden etc.).
3. Bemalen Sie die Cornflakes-Schachtel und Pappstreifen mit Acrylfarbe – kräftige Farben oder Muster sehen toll aus. Lassen Sie die Farbe gut trocknen.
4. Lassen Sie die Kinder mit einem Permanentmarker dort Markierungen auftragen, wo sie sich die Öffnungen in den Cornflakes-Schachteln wünschen. Schneiden Sie die Öffnungen, indem Sie erst mit der Schere oder dem Cutter ein kleines Loch bohren und dann an den eingezeichneten Konturen entlangschneiden. Das ist eindeutig eine Aufgabe für Erwachsene!
5. Während Sie sich um die Öffnungen kümmern, lassen Sie die Kinder Collagematerialien für das Innenleben ihrer Schachtel aussuchen oder die Streifen bemalen. Wir haben hier unterschiedliche Motivstanzer benutzt und spannende Zeitschriftentexturen ausgestanzt.

Benutzen Sie Pasta- oder andere Schachteln mit Sichtfenstern – so ersparen Sie sich das Löcherschneiden.

6. Setzen Sie die Pappstreifen in die Schachteln ein und spähen Sie durch die Öffnungen. Wenn alles so aussieht wie gewünscht, fahren Sie mit dem nächsten Schritt fort oder fügen Sie weitere Öffnungen hinzu, um mehr von der Collage im Inneren zu sehen.
7. Collagieren Sie die Schachtel außen nach Lust und Laune.
8. Optional: Stanzen Sie Löcher in den Boden der Schachtel und setzen Sie Pfeifenreiniger, Perlen und Federn ein, um dem Ganzen mehr spannende Details zu geben. Schieben Sie dazu einfach den Pfeifenreiniger, den Sie an einem Ende verknotet haben, von innen durch das Loch, damit er nicht rausrutscht.

NACHFOLGENDE ÜBERLEGUNGEN

Dieses Projekt hat besonders älteren Kindern gefallen. Sie malten und collagierten ungemein ausgefeilte Bilder. Jüngere werden eher Schaukastenbilder und -szenen aus eigenen Collagen erstellen.

WEITERFÜHRENDE IDEEN

- Schneiden Sie vorab identische Öffnungen in jede einzelne Schachtel. So entstehen Bühnen oder Schaukästen.
- Sehen Sie sich die Werke von Künstler Joseph Cornell zur Inspiration an.
- Benutzen Sie Collage- und 3D-Material, um das Innere der Schachtel auszustaffieren: Modelliermasse oder lufttrocknender Ton eignet sich hierfür besonders gut.

Public
Schools

PROJEKTVORSCHLAG 15

LAMPION-COLLAGE

Verwandeln Sie schönes bemaltes Papier in 3D-Lampions, die jeder für sich genommen oder im Zusammenspiel mit anderen fabelhaft aussehen. Aus einer flachen Collage eine runde Form zu machen hat etwas ganz Besonderes, das junge Künstler anspricht und fasziniert.

WERKZEUG UND MATERIALIEN

- Mehrzweckscheren oder Cutter
- fester Bastelkarton (für dieses Projekt haben wir bemalten Karton verwendet; für weitere Ideen zu bemalten Papieren siehe auch Seite 139)
- verschiedene Bänder oder lange Papierstreifen
- Paketklebeband
- in kleinere Quadrate geschnittenes schwarzes Tonpapier
- Bastelscheren
- Klebestifte
- Bleistifte
- ggf. Locher
- Tacker
- Schnur

SO GEHT'S

1. Schneiden Sie für jedes Kind vorab ein Stück Karton (ca. 30 x 40 cm) zurecht. Wir haben bemalten Karton aus einem früheren Workshop benutzt. Legen Sie die Rechtecke beiseite.
2. Stellen Sie viele verschiedene Bänder oder lange, dünne Papierstreifen und Paketklebeband bereit (mit der klebenden Seite nach oben, am besten an gegenüberliegenden Tischenden befestigt). Ermuntern Sie die Kinder dazu, so viele Bänder und Papierstreifen darauf zu befestigen, wie sie nur wollen.
3. Legen Sie Paketklebeband und Bänder beiseite und nehmen Sie sich den Karton, die schwarzen Tonpapierquadrate, Scheren und Klebestifte vor.
4. Unterhalten Sie sich darüber, ob Sie lieber bei einem Thema bleiben wollen oder die Künstler selbst frei über die Formen entscheiden sollen. Wir waren uns einig, dass unser bemalter Karton nach Nachthimmel aussah, und die Kinder wollten an dieser Vorstellung festhalten. Ich zeichne in einem solchen Kontext gern Formen (hier z. B. Sterne) mit Bleistift vor. Nachdem wir die Formen aus dem schwarzen Tonpapier ausgeschnitten hatten, drehten wir sie um, damit man die Bleistiftumrisse nicht mehr sehen konnte, ehe wir sie auf den bemalten Karton klebten.
5. Für mehr Textur in den schwarzen Formen haben wir den Locher benutzt.
6. Kleben Sie die schwarzen Formen auf.
7. Legen Sie den Bastelkarton mit der beklebten Seite nach unten auf den Basteltisch und helfen Sie den Kindern, ihre Paketklebebandstreifen mit den Bändern an der unteren Rückseite der Collage zu befestigen. Hier könnte der Tacker zum Einsatz kommen, damit das Paketklebeband auch garantiert sicher befestigt ist.
8. Schlagen Sie den Kindern vor, die obere Kante des Bastelkartons durch ein Zickzackmuster oder eine Wellenform zu verändern.
9. Legen Sie die Seitenränder des Bastelkartons übereinander und tackern Sie die Kanten zusammen. Bohren Sie entlang der Oberkante gegenüberliegend zwei Löcher und fädeln Sie eine Schnur hindurch, um den Lampion aufzuhängen.

NACHFOLGENDE ÜBERLEGUNGEN

In diesem Workshop sind wirklich erfreuliche, schöne Ergebnisse für die Kinder entstanden. Das schwarze Tonpapier sah auf dem texturierten, gemusterten Hintergrund aus wie Schattenrisse. Alles in allem bedurfte dieses Projekt einiger Zeit; man kann es aber gerade für jüngere Kinder leicht in mehrere Mini-Projekte unterteilen.

WEITERFÜHRENDE IDEEN

- Experimentieren Sie mit unterschiedlichen Papieren statt des Bastelkartons. Pergament oder andere durchscheinende Papiere lassen deutlich mehr Licht hindurch. Sie könnten sogar eine Collage aus bunten Transparentpapieren erstellen.
- Probieren Sie unterschiedliche Lampionformen aus. Versuchen Sie mal, festeren Plakatkarton ziehharmonikaartig zu fälteln, ehe Sie ihn entlang der Kanten zusammentackern, oder erstellen Sie drei rechteckige Teile, die Sie entlang der Längskanten zu einer dreieckigen Gesamtform zusammenfügen.
- Variieren Sie die herabhängenden Teile: Sie können bemalte Papierstreifen, Spitzenborte oder andere Textilstücke, Garne oder sogar Blätter statt der Bänder benutzen.

AUS DEM CARLE-MUSEUMSATELIER

Mobiles

In unserem Atelier bauen wir öfter bewegliche Konstruktionen – ein hervorragender Weg, um das Potenzial unterschiedlicher Materialien zu erforschen. Collagepapiere können so auf neue, aufregende Weise in räumliche Zusammenhänge gebracht werden. So sind sie nicht länger darauf beschränkt, flach auf einer Unterlage zu verharren: Sie können sich aufrollen, verbiegen, auf und ab wippen und in einer leichten Brise wehen. Sie können mehrfach beschichtet werden, um der Oberfläche mehr Textur zu verleihen oder das Licht besser einzufangen, wenn das Mobile sich bewegt. Papiere können mit gesammelten oder recycelten Materialien kombiniert werden, um den Mobiles mehr Struktur und Variantenreichtum zu verleihen.

Für unsere Mobile-Projekte benutzen wir gern eine große Bandbreite aus gesammelten und recycelten Materialien in einem festgelegten Farbspektrum. Die Farben zu limitieren erleichtert das Sich-Konzentrieren auf Form und Struktur und gewährleistet eine einheitliche Wirkung, wenn mehrere Mobiles nebeneinander platziert werden.

Mobiles bieten zudem eine spannende konstruktive Herausforderung. Wie setzen wir sie zusammen? Wie bewegen sie sich? Wie balancieren wir sie aus?

Für derlei Fragen bieten wir eine Reihe von Antworten und Lösungen an, die ausprobiert werden können. Mit Klebeband beispielsweise

entsteht sofort starker Halt, und unsere jüngsten Besucher haben Spaß daran, Klebeband auf viele unterschiedliche Materialien aufzubringen. Mithilfe von eingefädelten und verknoteten Garnen, Wollfäden und Bändern entsteht im Handumdrehen ein beweglicher Mechanismus. Locher, Papiere und Strohhalme stellen die Grundelemente dar, mit deren Hilfe eine feste Struktur für das Gesamtkonstrukt entsteht.

Mobiles zu bauen eröffnet eine Reihe von Möglichkeiten und erfordert diverse Entscheidungen. Wir bieten an, sie in Fenster, an Wände oder an durch das Atelier gespannte Drahtseile zu hängen. Unsere Besucher entscheiden selbst, wo ihre Werke exponiert werden sollen. Im Fenster fällt einerseits Licht durch das Material; andererseits ist dort die Beweglichkeit eingeschränkt, und der Betrachter sieht stets nur eine Seite des Objekts. Die Drahtseile unter der Decke gewährleisten sowohl Beweglichkeit als auch das Angebot, das Objekt aus unterschiedlichen Blickwinkeln zu betrachten – allerdings nicht von oben. An der Wand wiederum kann man obendrein einen interessanten Hintergrund für sein Mobile gestalten, und Besucher können weitere Mobiles hinzufügen, um ganze Szenerien zu erschaffen und eine Geschichte zu erzählen.

Papier bietet hierbei spannende Möglichkeiten, weil es leicht ist. Man kann zahlreiche Papierelemente zusammenfügen, ehe ein Mobile zu schwer wird und die Balance zu kippen droht. Außerdem fängt sich in Papier die leichteste Brise und bringt die Skulptur in Bewegung. Papier kann zu Spiralen geschnitten werden, die sich langsam drehen, zu Federn, die im Luftzug flattern, und zu Segeln, in denen der Wind sich fängt. Zu erleben, wie unsere Besucher dreidimensionale Objekte erschaffen, die sich bewegen und durch die Luft fliegen, macht wirklich großen Spaß.

„Collagen fangen immer mit einer vagen Idee und den Materialien an, die zu dem avisierten Werk passen. Was sie so faszinierend macht, ist die überraschende Gegenüberstellung von Materialien, die darüber entscheiden, wie das Kunstwerk zu guter Letzt aussehen wird – im Grunde ist das wie Malen mit einer Schere."

MELISSA SWEET

ILLUSTRATORIN UND AUTORIN

(siehe auch Seite 149)

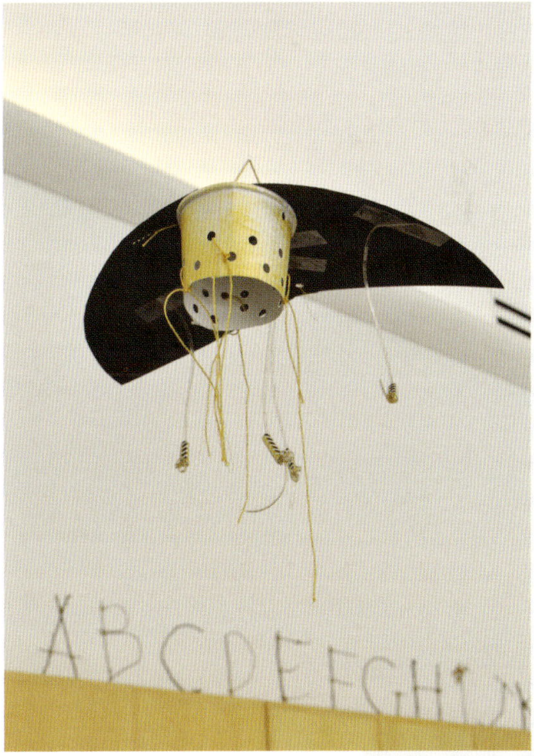

KAPITEL 7

PROJEKT // Kleider machen Leute

Wie viel Zeit verbringt ein Kind am Tag damit, sich Dinge vorzustellen (oder wie viel Zeit könnte es damit verbringen)? Ob sie nun draußen im Garten oder im Park Naturforscher spielen oder als Superhelden durchs Haus düsen – Kinder probieren durch selbst erdachte Abenteuer die verschiedenen Aspekte ihrer Persönlichkeit aus, entwickeln sie weiter, lösen Probleme, erfinden Geschichten und interagieren miteinander. Und wir wissen, dass Rollenspiele und Vorstellungskraft ungemein wichtig sind, damit Kinder sich zu kreativen, innovativen Problemlösern entwickeln.

In diesem Kapitel erschaffen wir Superhelden-Alter-Egos – mit besonderen Tier-Power-Anhängern und Regenbogenarmreifen für Extrakräfte! Die drei folgenden Projektvorschläge sind perfekt geeignet für Kindergeburtstage oder eine Verabredung mit Freunden; sie können aber genauso gut auch allein durchgeführt werden.

PROJEKTVORSCHLAG 16

STOFF-CAPE

Welches Kind verkleidet sich nicht gern? Mein Zweijähriger, Graham, ist von Capes und allem, was auch nur entfernt mit Superhelden zu tun hat, geradezu besessen. Wir haben mit seiner Altersgruppe mehrere Workshops veranstaltet – und als Graham seinen eigenen Umhang bemalen und bestempeln durfte , war er begeisterter und aufgeregter denn je.

Die Kinder auf den Fotos aus diesem Workshop waren ein wenig älter – sieben und acht –, aber ganz genauso begeistert von der Idee, eigene Capes zu collagieren. Sie können dieses Projekt auf viele verschiedene Arten angehen; diesmal hatte ich die Stoffbahnen vorab mit Wasserfarben eingefärbt. Dazu habe ich einen leichten Baumwoll-Nesselstoff erst mithilfe einer Sprühflasche angefeuchtet, dann flüssige Wasserfarben darübergegossen, den Stoff geknautscht und zusammengeknüllt und anschließend trocknen lassen. Sobald der Stoff trocken war, habe ich die Capes ganz kurz angebügelt, damit jeder Künstler eine schön glatte Unterlage zum Arbeiten hatte. Sie können diesen Schritt jedoch genauso gut mit den Kindern gemeinsam durchführen – und das macht wirklich Laune! Nach dem Besprühen oder Einweichen wringen Sie überschüssiges Wasser über dem Spülbecken aus. Anschließend stellen Sie Gläser mit verdünnter flüssiger Wasserfarbe (ich nehme etwa zur Hälfte Wasser, zur Hälfte Wasserfarbe), Tropfflaschen oder Pipetten oder einfach Bürsten zur Verfügung. Und dann wird drauflosgefärbt! Lassen Sie das Cape gut trocknen und collagieren Sie es nach Herzenslust.

WERKZEUG UND MATERIALIEN

- rechteckige Nesselstoff-Zuschnitte
- Segeltuchreste
- Scheren
- Wasserfarben
- Pinsel
- Wasserschüsseln
- Papiertücher
- Bastelkleber
- Heißkleber
- Zierbänder
- Filz- und andere Stoffreste

SO GEHT'S

1. Zu Anfang sucht sich jedes Kind ein Cape aus. Für diesen Workshop hatte ich aus Segeltuch Symbole vorgeschnitten: Sterne, Herzen und ein paar Initialen. Sie können ebenso gut die Kinder einladen, ihre eigenen Symbole auf dem Segeltuch (oder auf jedem anderen schwereren Baumwollstoff) vorzuzeichnen und auszuschneiden.
2. Färben Sie die Symbole mit Wasserfarben ein und lassen Sie sie gut trocknen.
3. Sobald das Segeltuchsymbol trocken ist, befestigen Sie es mit Bastel- oder Heißkleber auf dem Cape.
4. Stellen Sie eine Vielzahl von Filzresten zur Verfügung, die collagiert werden können, und fordern Sie die Kinder auf, die Stücke auf ihre Capes zu kleben.
5. Befestigen Sie am „Kragen" ein Stück Zierband, damit die kleinen Superhelden sich das Cape umbinden können. (Passen Sie später gut auf, dass die Helden sich nicht am Hals wehtun!)
6. Lassen Sie alles gut trocknen – die Verkleidungsparty kann beginnen!

Nehmen Sie sich genug Zeit zum Verkleiden und Spielen! Papprequisiten und Spielzeug sorgen für noch mehr Lebendigkeit.

WEITERFÜHRENDE IDEEN

- Sie können alternativ auch Baumwoll- oder Jutebeutel collagieren. Die finden Sie im Bastelfachhandel – oder Sie nehmen einen alten aus Ihrem Haushalt und drehen ihn einfach auf links.
- Benutzen Sie statt Stoff ein festes Material, das man dann aber nicht anziehen kann.
- Sie können auch Kraftpapier oder mit Temperafarben bemaltes Zeitungspapier verwenden; dann ist das Cape allerdings weniger haltbar.

PROJEKTVORSCHLAG 17

SERVIETTENTECHNIK-ARMREIFEN

Wenn Ihr Kind sich gern verkleidet, können ein paar supereinfache, selbst gemachte Accessoires in der Verkleidungskiste für Begeisterung sorgen. Ich verspreche Ihnen, dass Sie für dieses Projekt keinen Cent ausgeben müssen – besonders, wenn Sie begeisterter Kaffeetrinker sind!

Dieses Projekt lässt sich wunderbar mit dem Stoff-Cape-Projekt (Projektvorschlag 16, Kapitel 7) kombinieren, macht aber auch für sich allein genommen Spaß und bringt richtig coole Accessoires hervor! Und es gibt noch so viel mehr Schmuckstücke als Armreifen, oder nicht? Sie könnten ein Pappcollage-Schild basteln, eine Papiercollage-Krone, eine Maske oder einen Zauberstab!

WERKZEUG UND MATERIALIEN

- Kaffeebecher-Pappmanschetten (fragen Sie im Stehcafé um die Ecke oder bewahren Sie die Manschetten Ihres Take-away-Kaffees auf)
- Seidenpapier
- Pinsel
- Bastelkleber
- Knöpfe, Strasssteine und anderer Krimskrams

SO GEHT'S

1. Jedes Kind bekommt eine Pappmanschette. Lassen Sie die Kinder darüber nachdenken, ob sie lieber Muster, Farbschichten, Symbole oder etwas anderes aus Seidenpapier gestalten wollen.
2. Üben Sie zunächst mit ihnen, Seidenpapier aufzukleben. Benutzen Sie einen Pinsel, um eine dünne Schicht Kleber auf die Pappunterlage aufzutragen, legen sie ein oder zwei Stück Seidenpapier darauf und bestreichen Sie alles erneut mit einer dünnen Schicht Bastelkleber.
3. Sobald die Pappmanschette in einen bunten Armreif verwandelt ist, können Sie zusätzliche Materialien wie Knöpfe, Strasssteine, interessant gemusterte Stoff- oder Bordürenreste ins Spiel bringen. Weil diese Materialien schwerer sind, bietet es sich an, ordentlich Bastelkleber direkt auf die Unterlage zu drücken.
4. Lassen Sie alles gut trocknen – und dann geht es los mit dem Verkleiden!

Indem man das Seidenpapier mit Versiegler bestreicht, entstehen haltbare Schmuckstücke.

NACHFOLGENDE ÜBERLEGUNGEN

Dieser Workshop hat mir gezeigt, wie einfach und unterhaltsam es sein kann, mit schlichten, oftmals kostenfreien Materialien in das Land der Fantasie einzutauchen. Wenn Ihre Kinder Spaß an derlei Projekten haben, stellen Sie ihnen einen kleinen Vorrat an Recyclingmaterialien, Kleber und Collagematerial zur Verfügung. Schauen Sie mal, was herauskommt, und tauschen Sie immer wieder Materialien aus, um ihr Interesse hoch zu halten. Nicht zweckgerichtet Kunst zu erkunden und in andere Rollen zu schlüpfen hat so viele Vorteile: Es stellt eine wunderbare Möglichkeit dar, Problemlösungsfähigkeiten zu entwickeln, das Kommunikationsvermögen und Erzähleigenschaften zu trainieren und den Erfindungsreichtum zu fördern.

WEITERFÜHRENDE IDEEN

- Nutzen Sie diese (Servietten-)Technik für andere Alltagsgegenstände, die Sie in Rollenspiele integrieren wollen: Knicken Sie ein Stück Karton in der Mitte und suchen Sie sich sämtliche Buchstaben des Alphabets zusammen. Kleben Sie die Buchstaben auf, ergänzen Sie eine rechteckige Fläche auf der anderen Kartonhälfte – fertig ist ein Spiel-Laptop!
- Ein Papptablett mit einer Collage aus Bildern von Nahrungsmitteln ist die perfekte Ergänzung für ein Kaffeekränzchen!
- Probieren Sie diese Technik auch für andere Schmuckaccessoires aus. Ich bewahre gern die Papprollen von (Paket-)Klebebändern und ähnliche Dinge auf – daraus lassen sich Reifen basteln! Kinder können darauf Stoffe aufkleben, Garne, Seidenpapier oder was immer sonst zur Verfügung steht.
- Kleben Sie mehrere Pappmanschetten aneinander, um eine Krone oder Schärpe zu collagieren.

PROJEKTVORSCHLAG 18

STICKER-ANHÄNGER

Dieses Projekt ist wirklich kinderleicht und perfekt für einen Kindergeburtstag geeignet. In meinem Workshop habe ich dafür Sticker mit Tiermotiven bereitgestellt. Zunächst unterhielten wir uns darüber, welches Tier der Persönlichkeit eines jeden Kindes am ehesten entsprach. Sie können aber auch beliebige andere Stickermotive verwenden. Wofür auch immer Sie sich entscheiden – Kinder jeden Alters lieben es, Kunst zu erschaffen, die sie tragen können.

WERKZEUG UND MATERIALIEN

- dünne Sperrholz-Bastelformen (bekommt man online und im Bastelfachhandel; grundierte Pappformen funktionieren aber genauso gut)
- Malkreiden
- unbehandelte Holzperlen
- Nylon- oder Baumwollgarn
- Künstler- oder Indianerperlen
- Sticker
- Versiegelungs- oder Klarlack (optional)

SO GEHT'S

1. Bitten Sie die Kinder, die Sperrholzformen zunächst mit den Malkreiden zu gestalten. Das Malen mit Malkreiden macht eine Menge Spaß, sodass die Kinder vermutlich beide Seiten bemalen wollen. Stellen Sie ihnen auch unbehandelte Holzperlen zum Bemalen zur Verfügung.
2. Fädeln Sie die Sperrholzform auf ein Stück Garn auf.
3. Fädeln Sie wie jeweils gewünscht Künstler- oder Indianerperlen sowie die bemalten Holzperlen auf beide Enden des Garns auf.
4. Suchen Sie sich Sticker aus und collagieren Sie den Holzanhänger. Um ihn vor Abrieb zu schützen, bestreichen Sie ihn anschließend mit Versiegelungs- oder Klarlack.

NACHFOLGENDE ÜBERLEGUNGEN

Die farbenfrohen und modernen Ketten sind einfach toll! Die Sperrholzformen dienen auch hervorragend als Schlüsselanhänger oder Verzierungen für den Schulrucksack. Halten Sie online oder im Bastelfachhandel Ausschau nach anderen günstigen Schmuckelementen (Schlüsselringe, Karabinerverschlüsse etc.) und haben Sie dabei immer den nächsten großen Bastelnachmittag für die Kinder im Sinn!

WEITERFÜHRENDE IDEEN

- Bemalen Sie die Sperrholzformen und Holzperlen mit Wasserfarben. Wenn Sie flüssige Wasserfarben zur Hand haben, können Sie die Perlen und Sperrholzformen einfach in kleine Plastikschüsseln mit Wasserfarbe tunken.
- Denken Sie groß! Die gleiche Technik lässt sich natürlich auch auf größere Holzstücke anwenden, auf die gleich mehrere Sticker passen. Überlegen Sie, welches Muster Sie aus Stickern entwerfen könnten – beispielsweise ein Sticker-Mandala (radialsymmetrisches Muster).
- Statt Stickern können Sie auch Bastelkleber und andere kleine Collagematerialien bereitstellen: Strasssteinchen, Zierband- oder Bordürenreste.

Diese Ketten sind einfach großartig und schick! Eine kurze Online-Suche liefert coole Stickerfunde für die Kinder.

AUS DEM CARLE-MUSEUMSATELIER

Collageschmuck

In unserem Atelier stellen wir mit großem Vergnügen Collagen her, die man „anziehen" kann. Sie fördern Erzählfähigkeiten und das Rollenspiel, indem unsere Besucher quasi Teil ihres eigenen Kunstwerks werden. Einfache Papierstreifen können hierbei als „Baugrundlage" für endlose Möglichkeiten an tragbarer Kunst dienen – von Hüten und Kronen über Gürtel bis hin zu Krawatten. Sie können die Papierstreifen flechten, aufrollen, zerschneiden und übereinanderschichten, um mehr Textur und Beweglichkeit zu erzeugen. Papierstreifen lassen sich kinderleicht biegen und zu beweglichen Schleifen verkleben, die man auf dem Kopf, am Körper, ums Handgelenk tragen kann.

Wir schneiden unsere Papierstreifen aus den Papieren zurecht, die sich in unserem Atelier angesammelt haben. Besonders gern benutzen wir bemalte Papiere aus vorangegangenen Projekten. Zu vielerlei unterschiedlichen Längen und Breiten zurechtgeschnitten, werden die Papierstreifen selbst zur kreativen Inspirationsquelle. Wir haben unsere eigenen „Papierhalter" aus Pappe und Pfeifenreinigern entwickelt, damit unsere Besucher den Papierstreifen ihrer Wahl leichter heraussuchen können.

Manchmal stellen wir Schneidwerkzeug wie Scheren oder Locher zur Verfügung; an anderen Tagen experimentieren wir lediglich mit allem, was durch Falten, Verbiegen und Zerknüllen von Papier entstehen kann. Klebeband ist wohl das beste Medium, um Papier schnell zu fixieren – und man muss nicht erst warten, bis der Kleber getrocknet ist. (Die entstehende Kunst sofort anzulegen kann mitunter wichtig sein, wenn parallel Geschichten erzählt werden und ein Rollenspiel in vollem Gange ist.) Bunte Klebebänder können als Dekoration dienen, während durchsichtiges Klebeband es ermöglicht, sich auf die Farben und Texturen der Papiere selbst zu konzentrieren.

Auch besondere Ereignisse können Ideen für Tragbare-Kunst-Projekte liefern – ob nun ein Kindergeburtstag oder der anstehende Urlaub. Der Startschuss für derlei Projekte kann die einfache Aufforderung sein: „Basteln wir uns einen Hut." Was mit einem Hut beginnt, kann sich im Handumdrehen auf ein komplettes Outfit ausweiten, das den Besucher in eine Figur aus seiner Lieblingsgeschichte verwandelt.

Wenn die Besucher unser Atelier verlassen und dabei ihre Kunst tragen, teilen sie so ihre Ideen, Geschichten und das Gefühl, etwas ganz Besonderes erlebt zu haben, mit den anderen Museumsbesuchern.

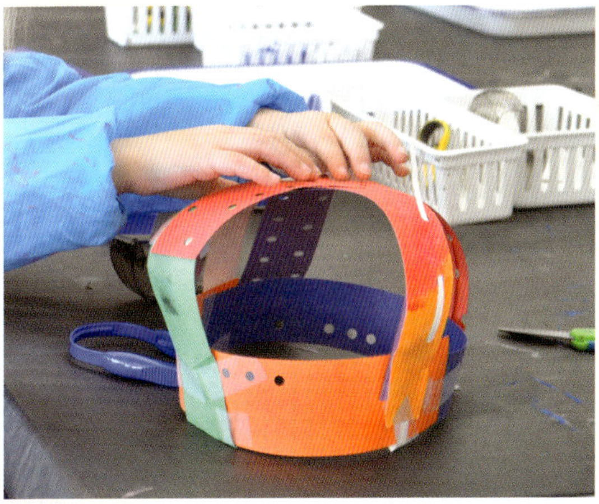

„Der Schaffensprozess an sich ist ungemein wichtig, und es gibt niemanden auf der Welt, der etwas Vorhandenes nicht in etwas Neues verwandeln könnte. Wir sind alle Verwandler und bringen Dinge in neue Form. Das Bedürfnis, etwas Gegebenes zu etwas Neuem zu transformieren, ist der Kern allen Lebens. Es ist universal."

ASHLEY BRYAN

ILLUSTRATOR UND AUTOR
2016 IN EINEM INTERVIEW AM
HIGH MUSEUM OF ART
(siehe auch Seite 149)

KAPITEL 8

PROJEKT // Geschichten erzählen

Wenn Sie nach spannenden Möglichkeiten suchen, wie Sie Kunst und Literacy* miteinander verbinden können, werden die folgenden Projekte für Sie ein optimaler Ausgangspunkt sein. Während die Prozesse und Materialien eher schlicht gehalten sind, werden die Bilder und Erzählungen, die mit der Kreativarbeit einhergehen, Sie nachhaltig beeindrucken. Diese Projektvorschläge sind für alle Altersgruppen und Übungslevels geeignet und vermitteln auf spannende Weise Konzepte wie Erzählaufbau, Handlungsverlauf, Thema und Figurenentwicklung.

* Literacy beinhaltet nicht nur Lese- und Schreibfähigkeit, sondern von Anfang an den Umgang mit Büchern generell, das Erfassen und Verstehen von Geschichten und Texten, sowie das Interesse an der Schriftsprache. (Anmerkung des Verlages)

PROJEKTVORSCHLAG 19

STICHWORT, FERTIG, LOS!

Dieser Projektvorschlag lässt sich leicht für Kinder aller Altersgruppen anpassen und stellt eine hervorragende Einführung in das Konzept des visuellen Erzählens dar. Ein einzelner Gegenstand kann die unterschiedlichsten Geschichten hervorrufen, und jeder Künstler wird mittels seiner Collage eine andere erzählen. Ältere Kinder ergänzen ihr Werk vielleicht durch einen Begleittext; bei jüngeren Kindern lohnt es sich, einfach zuzuhören und zu dokumentieren, was sie erzählen, während sie die verschiedenen Aspekte ihrer Komposition erklären.

WERKZEUG UND MATERIALIEN

- Zeitschriftenschnipsel oder Ausdrucke
- verschiedenes Collagematerial: Für die Älteren haben wir Seidenpapier und eine Auswahl an anderen Papieren bereitgestellt, für die Jüngeren Garne, Naturmaterialien und Federn.
- Papierbogen oder zerschnittene braune Papier-Einkaufstüten als Collageuntergrund
- Klebestifte
- Bastelkleber
- Scheren

SO GEHT'S

1. Ermuntern Sie die Kinder, sich ein Bild auszusuchen, mit dem sie arbeiten möchten. Selbst für ältere Kinder stelle ich gern vorsortierte Zuschnitte aus Zeitschriften oder alten Büchern zur Verfügung. Erst sämtliche Auswahlmöglichkeiten vor sich zu sehen, bevor man loslegt, hat etwas Inspirierendes.
2. Schlagen Sie den Künstlern vor, ausgehend von ihrem ausgewählten Motiv (oder als Hintergrund) eine Collage anzufertigen. Schlüsselfragen könnten sein: Was kommt dir in den Sinn, wenn du dein ausgewähltes Motiv betrachtest? Wo in der Welt könnte dieses Motiv zu finden sein? Und wo in deiner eigenen Fantasie? Was könnte in einer Geschichte rund um dieses Motiv passieren? Welche Farben passen zu dieser Geschichte? Welche Formen?
3. Bieten Sie eine Vielzahl an Collagematerialien an, mit denen gespielt werden darf, und lassen Sie zu, dass sich die visuelle Erzählung ganz von allein entwickelt. Während die einen zielgerichtet arbeiten, werden andere ein wenig länger brauchen, ehe ihre Geschichte Gestalt annimmt – wenn überhaupt. Welches Bild auch immer den Künstlern in den Sinn kommt – jedes Ergebnis ist willkommen!

Nehmen Sie sich Zeit für die Geschichten, die die Künstler Ihnen erzählen. Ihre Arbeiten werden umso wirkungsvoller, sobald Sie erfahren, welche Ideen sie zu ihrer Arbeit inspiriert haben.

NACHFOLGENDE ÜBERLEGUNGEN

Jüngeren Kindern biete ich gern fotokopierte Bilder an. Auf diese Weise lässt sich leicht ein themenbezogenes Kunstprojekt aufziehen. Kinder lassen sich von einem Bildmotiv wunderbar dazu inspirieren, über ein bestimmtes Thema oder eine Idee nachzudenken. Anhand der kopierten Fotografie eines Nests (siehe links) können Sie sehen, auf welche Weise jüngere Künstler (in diesem Fall Vierjährige) um das Bild herum gemalt und collagiert haben. Selbst die Kleinsten schichten mitunter sofort Dinge über dem Bild auf. In der Art und Weise, wie das Bild in die Collage integriert wird, gibt es kein Richtig oder Falsch.

WEITERFÜHRENDE IDEEN

- Lassen Sie die Kinder mit geschlossenen Augen ein Foto aus einem Hut oder einer Schachtel ziehen.
- Ermuntern Sie die Kinder, erst eine Collage anzufertigen, und zücken Sie erst dann ein Bild, um den Geschichten eine neue Richtung zu geben.
- Setzen Sie statt Zeitschriftenausrissen oder Zuschnitten aus alten Büchern kleine Zeichnungen oder Kritzeleien ein.

PROJEKTVORSCHLAG 20

ANFANG, MITTE, ENDE

Mir Geschichten anzuhören, die entstehen, während ein Kind ein Kunstwerk anfertigt, ist hochgradig spannend. Je älter das Kind, umso schneller ist es imstande, auf ein Stichwort hin eine Idee zu visualisieren. Wenn Sie ein Lehrer oder Elternteil sind, der die Literacy seines Kindes im Visier hat, dürfte dieses Projekt für Sie gute Möglichkeiten bieten, das Konzept des Geschichtenaufbaus bzw. des Einstiegs, Erzählbogens und Abschlusses zu erkunden.

Womöglich möchten Sie Ihrem Kind dieses Konzept zunächst näherbringen, indem Sie gemeinsam eine Geschichte lesen und den Erzählbogen anschließend visualisieren (beispielsweise durch kleine Skizzen in aufeinanderfolgenden Kästchen): Was passierte zuerst? Was anschließend? Was gegen Ende?

Ich habe meiner Workshop-Gruppe vorgeschlagen, dass wir uns auf eine einzige Figur konzentrieren. Wie können wir bildhaft darstellen, dass sich die Figur über das Blatt Papier bewegt (ein in drei Abschnitte unterteiltes längliches Format)? Wie versetzen wir sie in andere Kontexte oder in eine komplett neue Rolle?

WERKZEUG UND MATERIALIEN

- längliche Streifen festen Kartons als Untergrund (ich habe Pappe benutzt)
- Wasserfarben
- Pinsel
- Wasserschüsseln
- Papiertücher
- Zeitschriftenseiten
- Blei- und Buntstifte
- Scheren
- Seidenpapiere
- Bastelkleber

SO GEHT'S

1. Fordern Sie die Kinder auf, sich den Anfang, den mittleren Verlauf und das Ende einer Geschichte auszudenken. Was Sie hier sehen, ist zum einen eine Tänzerin auf der Ballettbühne zu unterschiedlichen Zeitpunkten ihrer Aufführung, zum anderen eine Eule, die ihr Nest verlässt, sowie ein Igel, der nach Futter sucht.
2. Stellen Sie den Kindern Wasserfarben zur Verfügung, mit denen sie den Hintergrund ihrer Collagen gestalten. Ich habe vorgeschlagen, lediglich Farben aufzutragen und nicht sofort ganze Szenerien oder andere Bilder zu entwerfen, weil diese auch später im Zuge des Collageprozesses entstehen können.
3. Stellen Sie den Kindern das Collagematerial vor. Wenn man Zeitschriftenseiten für Collagen verwendet, wähle ich gern schon im Vorfeld Seiten mit starken Farben oder Mustern aus und lasse Seiten mit erkennbaren Bildmotiven lieber beiseite. Dann zeige ich den Kindern, wie diese Seiten sich in alles Erdenkliche verwandeln können, je nachdem, wie man sie zurechtschneidet: So kann beispielsweise das Bild eines farbenfrohen Quilts zu einem bunt gemusterten Vogel werden, indem man den entsprechenden Umriss ausschneidet. Bieten Sie den jungen Künstlern Blei- oder Buntstifte an, mit denen sie die gewünschten Umrisse auf der Rückseite der bedruckten Seite vorzeichnen können.
4. Jetzt dürfen die Kinder die Zeitschriftenseiten und das Seidenpapier nach Herzenslust zerschneiden, zerreißen und nach Wunsch arrangieren. Das Papier muss dabei nicht einmal flach auf der Unterlage aufliegen. Unterschiedliche Papiersorten verleihen dem Untergrund optisch Vielseitigkeit, wenn sie verdreht, zerknautscht, aufgerollt oder sonst wie manipuliert werden.
5. Tragen Sie reichlich Klebstoff auf die Unterlage und auf das Collagematerial auf, um die Papiere auf dem Untergrund zu befestigen.
6. Erzählen Sie Ihre Geschichten!

NACHFOLGENDE ÜBERLEGUNGEN

Sie können das hier beschriebene Projekt mit jüngeren und älteren Kindern gleichermaßen ausprobieren, indem Sie lediglich das Stichwort verändern, oder Sie bieten vorab überhaupt kein Stichwort an, sondern ermuntern die Kinder lediglich dazu, die Materialeigenschaften zu erkunden – beispielsweise Zeitschriftenseiten versus Seidenpapier. Gewicht und Qualität der Papiere unterscheiden sich eklatant und erzeugen unterschiedliche Wirkungen, sehen jedoch in Kombination spannend aus.

WEITERFÜHRENDE IDEEN

- Stellen Sie Ihren Workshop-Teilnehmern auf Karteikarten Stichwörter zur Verfügung, die sie dann wie bei einem Kartenspiel von einem Stapel ziehen. Vielleicht steht auf einer Karte ja das Stichwort für das Setting, auf einer anderen der Hinweis auf die Hauptfigur, auf der dritten ein Stichwort für die Grundhandlung oder den weiteren Verlauf der Geschichte.
- Erfinden Sie gemeinsam neue Geschichten. Dabei kümmert sich ein Kind um den Anfang, ein zweites um den mittleren Verlauf und ein drittes um das Ende.
- Dieselbe Technik eignet sich auch für das Illustrieren bekannter Geschichten oder Erzählideen.
- Stellen Sie erst im Lauf des Prozesses Stoffreste und andere Collagematerialien zur Verfügung.
- Scannen Sie die Collagen ein und drucken Sie sie aus – das Ergebnis wird ein komplett anderes sein.

Manchmal bietet es sich an, Elemente aus Seidenpapier vorzubereiten, die dem Untergrund Tiefe verleihen. Unterhalten Sie sich mit den Künstlern über das Zerknautschen und Übereinanderschichten von Seidenpapier, um neue Effekte zu erzielen.

AUS DEM CARLE-MUSEUMSATELIER

Erzählen ohne Worte durch Collage

Wenn wir Projekte für das Museumsatelier entwickeln, haben wir oft erst die Struktur oder Form eines Objekts und die Frage im Sinn, inwiefern diese als Auslöser für den Kreativprozess funktionieren könnte. Ob das nun heißt, dass wir aerodynamische Formen ausschneiden, die unsere Besucher dazu animieren, Flugobjekte zu kreieren, oder ein Tonpapierrechteck als Grundlage, um ein räumliches Objekt zu gestalten – wir überlegen jedes Mal, wie die Materialien, die wir bereitstellen, das Thema beeinflussen könnten.

Eine Form, auf die wir gern zurückgreifen, um das Erzählen zu fördern, ist der Papierstreifen. Er kann gefaltet werden – und ermuntert unsere Besucher dazu, bewegte, veränderliche Geschichten zu erzählen – oder auch flach (als ein Gesamtbild) genutzt werden. Für ein Projekt hatten wir uns vorgenommen, eine Geschichte ganz ohne Worte zu erzählen. Wir reduzierten das Zeichenwerkzeug auf ein Minimum und stellten stattdessen Collagepapiere, Klebestifte und Scheren zur Verfügung.

Wir beobachten nicht selten, dass unsere Besucher die Form des länglichen Papierstreifens verändern, damit er besser zu ihrer Geschichte passt. Dabei erzählten einige Besucher Geschichten von großen Objekten – etwa von Pflanzen oder Giraffen – und legten sich das Papier entsprechend hochkant zurecht. Andere fältelten ihr Papier zu Ziehharmonikas auf, sodass bis zu acht Bilder entstanden und sich

„Ich suche mir Materialien aus, die mir helfen, meine Geschichte bestmöglich zu visualisieren. Recycelte Gegenstände sind da am besten geeignet, weil sie mit der Zeit und durch den Gebrauch transformiert wurden. Das wiederum hilft dem Betrachter, mit dem Kunstobjekt und mit der Geschichte an sich in Verbindung zu treten."

AUS *RADIANT CHILD: THE STORY OF YOUNG ARTIST JEAN-MICHEL BASQUIAT*
VON **JAVAKA STEPTOE**
ILLUSTRATOR UND AUTOR
(siehe auch Seite 149)

darauf ganze Abenteuer entwickeln konnten. Andere Besucher wiederum beschlossen, ihre „Geschichten" zu Dreiecken zu falten und durch eine emporragende Spitze im Hintergrund beispielsweise einen Berg zu visualisieren. Die Möglichkeiten sind schier endlos; doch jede Form stützt die Geschichte, die durch sie geschildert wird.

Indem wir lediglich Collagepapiere, Klebestifte und Scheren bereitstellen, ermuntern wir unsere Besucher, sich von den Farben, der Textur und Form der Papiere inspirieren zu lassen. Dabei sind die Collagepapiere in der Regel Überbleibsel früherer Projekte oder wurden aus dem Papierkorb gerettet. So minimieren wir den Abfall, den wir produzieren, und versuchen gleichzeitig, jederzeit das Potenzial in all unseren Schnipseln zu erkennen. Verpackungsmaterial, Papiere, auf denen wir unsere Stifte und Marker getestet haben, und Reste, die von Malkursen übrig geblieben sind, werden zu Inspirationen für neue Geschichten. Ein Stück mit blauer Wasserfarbe bemaltes Papier kann sich in eine Wolke am stürmischen Himmel verwandeln, während ein schwarzes, goldfarben bestempeltes Stück Tonpapier als Untergrund für eine hoch aufgeschossene Blume dienen kann.

Um unseren Besuchern den Einstieg in ihre Geschichten zu erleichtern, haben wir im Atelier interaktive Installationen aufgebaut, in denen die Besucher zunächst Geschichten von anderen nachlesen können. Im Rahmen eines Projekts bauten wir Papp-Regalbretter für unsere Ausstellungswand, auf die wir die „Bücher" platzierten. Die Besucher bedienten sich begeistert aus unserer Bibliotheksinstallation und erkundigten sich, wie andere vor ihnen Collagepapiere eingesetzt hatten, um ihre Geschichten zu erzählen. Außerdem ließen sie sich auf diese Weise leicht dazu animieren, ihre eigenen Werke zurückzulassen, um nachfolgende Besucher ebenfalls zur Kreativarbeit zu inspirieren.

KAPITEL 9

PROJEKT // Mit Materialien experimentieren

Es gibt unzählige Wege, sich mit Kindern gemeinsam Materialien und Prozessen zu nähern. Ich persönlich finde immer, sie sind am ehesten bei der Sache, wenn sie komplett autonom und mit genügend Muße Dinge erkunden, ausprobieren und spielen dürfen. Die Materialien in diesem Kapitel sind leicht zu bekommen, in den meisten Klassen- und Kinderzimmern oft ohnehin reichlich vorhanden und perfekt dazu geeignet, Dinge auszuprobieren. Für diese Projekte habe ich kein festgelegtes Resultat vorgesehen. Die Ergebnisse werden häufig sowieso sehr viel schöner, als wir es uns vorstellen könnten. Stattdessen lag mein Fokus darauf, den Kindern zu helfen, mögliche Gebrauchsweisen für bestimmte Materialien auszuprobieren, was wiederum zu von den Kindern selbst angeleiteten Collageprojekten führen konnte.

PROJEKTVORSCHLAG 21

MIT KLEBER SPIELEN

Es gibt unzählige Möglichkeiten, mit Kleber zu experimentieren. Dieser Projektvorschlag baut auf der Vorliebe der meisten Kinder auf, Dinge zu vermischen, zu gießen und zu verquirlen.

WERKZEUG UND MATERIALIEN

- leere Soßen- oder Dekorierflaschen (ich kaufe meine im Gastronomiefachhandel oder online)
- Bastelkleber (so günstig, wie es nur geht – womöglich lohnt es sich, große Mengen zu kaufen)
- Mischmaterial: Temperafarbe, farbiger Dekosand, Glitter, Erde, Gewürze, z. B. gemahlener Zimt oder Kurkuma, und alles andere, was fein genug ist, um nicht die Spritztülle der Dekorierflasche zu verstopfen
- eine Unterlage, auf die man Kleber drücken und gießen kann (auf den Fotos habe ich ein Stück alten Duschvorhang benutzt). Wenn Sie vorhaben, die Collage aufzubewahren, benutzen Sie etwas Haltbares, ansonsten funktioniert jede Unterlage, die man entsorgen kann.
- optional – macht aber großen Spaß: transparentes Material, um es auf die Kleberkleckse aufzubringen (auf den Bildern habe ich weitere Stücke besagten Duschvorhangs benutzt)

SO GEHT'S

1. Füllen Sie die Dekorierflaschen halb voll mit Bastelkleber.
2. Stellen Sie Mischmaterial in kleinen Schachteln oder ebenfalls in Dekorierflaschen zur Verfügung (Sand und ähnliche Materialien bewahrt man am besten in kleinen verschließbaren Bechern mit Öffnung auf, aus denen der Sand rieseln kann, während die Tempera beispielsweise direkt in die Dekoflasche gefüllt werden kann)
3. Leinen los für lustiges Mischen und Quetschen!

NACHFOLGENDE ÜBERLEGUNGEN

Obwohl sich der Ratschlag „ein Tröpfchen genügt" bei mir eingebrannt hat, bin ich der Ansicht, dass es im Prozess des Entdeckens und Spielens ungemein wichtig ist, dass einem nicht ständig das Schreckgespenst „Verschwendung" im Nacken sitzt. Günstige Materialien erleichtern es uns, dieses Gefühl einfach einmal beiseitezuwischen. Die pure Freude und Begeisterung entschädigen auf jeden Fall für das klebrige Durcheinander!

WEITERFÜHRENDE IDEEN

- Probieren Sie eingefärbten Kleber auf schwarzem Papier oder auf einer anderen schwarzen Unterlage aus.
- Lassen Sie Sand, Glitter oder Gewürze auf die Kleberlinien und -pfützen rieseln, die Sie zuvor aus der Flasche gedrückt haben.
- Erstellen Sie klebrige Abdrücke, indem sie ein Stück Papier auf die Kleberpfütze drücken oder das Papier über die Kleberpfütze klappen und wieder auffalten.

PROJEKTVORSCHLAG 22

BEMALTE PAPIERE

Eric Carle bewahrt Schubladen und Schränke voll herrlich texturierter und bemalter Papiere auf, die nur darauf warten, zum Einsatz zu kommen. Ein gut sortierter Vorrat an bemalten Papieren ist sehr nützlich und wird jeder Collage umso mehr Pfiff verleihen. Carle benutzt Seidenpapier, ich persönlich bevorzuge für unsere Zwecke Kraftpapier – darauf haften Farbkleckse besser und es verträgt das wiederholte Aufrollen von Farbe, Besprühen, Bestempeln und Bedrucken.

EIN PAAR IDEEN

Benutzen Sie breite Pinsel oder Farbwalzen, um Farbe großflächig aufzutragen. Wenn diese Flächen erst trocken sind, können Sie schmalere Pinsel oder eine der folgenden Ideen ins Spiel bringen, um entweder in kontrastierenden oder in harmonierenden Farben Muster aufzubringen.

- Bestempeln Sie vorab eingefärbtes oder Blankopapier mithilfe von Korken, Bauklötzen oder Küchenutensilien (etwa Kartoffelstampfern, Schneebesen, Teigschabern oder Gabeln).
- Tupfen Sie Farbe auf flaumige Materialien: Pompons, Federn, Wattebäusche oder Stoffbündel. Als improvisierter Griff eignen sich Wäscheklammern perfekt.
- Legen Sie Spitze, Kaffeetassen-Papieruntersetzer, Netze oder Netzbeutel und anderes „löchriges“ Material auf Ihre Unterlage und tupfen Sie mit einem Schwamm sanft Farbe darüber. Wenn Sie die Spitze etc. wieder entfernen, zeichnet sich das Muster auf dem Untergrund ab.
- Schneiden Sie Küchenschwämme in bestimmte Formen und tragen Sie damit ein sich wiederholendes Stempelmuster auf.
- Walzen oder rollen Sie eine dicke Schicht Farbe auf den Untergrund und zeichnen Sie anschließend mithilfe einer Stricknadel, einer Gabel oder eines Holzspießchens Muster in die Farbschicht.
- Legen Sie flache Formen, Buchstaben oder Ziffern aus Tonpapier auf Ihr Untergrundpapier (ein Stück Klebeband auf der Rückseite verhindert, dass etwas verrutscht) und tragen Sie mithilfe einer Farbwalze Farbe darüber auf. Ziehen Sie die Tonpapierform anschließend vorsichtig wieder ab – und die Form wird auf dem Papier sichtbar.
- Tauchen Sie kleine Tierfiguren aus Plastik, Puppenhände oder -füße in Farbe und tupfen Sie damit über das Papier. Oder die Kinder nehmen einfach die Hände!
- Wickeln Sie texturiertes Material wie Luftpolsterfolie oder Sandpapier um eine Papprolle oder ein Nudelholz, rollen Sie damit durch Farbe und tragen diese anschließend auf Ihr Papier auf.
- Versuchen Sie mal, mit richtig großem Werkzeug zu malen – mit einem Besen oder Tannenzweig!
- Verdünnen Sie Temperafarbe mit Wasser und füllen Sie sie in eine Sprühflasche, mit der Sie das ganze Papier besprühen. Hier könnte eine doppelte Lage Kraftpapier oder Plakatkarton von Vorteil sein.
- Mischen Sie Spülmittel mit Temperafarbe und pusten Sie mithilfe von Strohhalmen farbige Seifenblasen.

PROJEKTVORSCHLAG 23

BÜROMATERIAL

Als Kind habe ich immer gern die Büromaterialvorräte meiner Eltern für alle möglichen Projekte benutzt. Sie werden schon jetzt so viel Material in Ihren Büroschubladen haben, dass Sie sich nur etwas Zeit nehmen müssen, alles zu sichten und damit zu experimentieren. Haftnotizzettel, Klebeband, Büroklammern – all das eignet sich perfekt für eine Collage! Bei diesem Projekt konzentrieren wir uns auf selbstklebende Sachen. So funktioniert eine Klebecollage am allerbesten: ganz ohne Klebstoff oder Scheren – nur mittels schwarzen Tonpapiers und jeder Menge Klebeetiketten und Klebeband.

WERKZEUG UND MATERIALIEN

- Klebeetiketten aus dem Bürofachhandel (gibt es in allen erdenklichen Farben online)
- Klebeband in verschiedenen Farben, Breiten und Transparenzgraden
- schwarzes Tonpapier

Schneiden oder reißen Sie für Kinder, die im Umgang mit der Schere noch nicht geübt sind, im Vorfeld Klebebandstücke zurecht oder benutzen Sie als Hilfsmittel einen Abroller.

SO GEHT'S

1. Stellen Sie die farbigen Etiketten und das Klebeband bereit. Das Material kann zu Mandalas (radialsymmetrischen Mustern), zu Bildern oder beliebigen anderen Motiven aufgeklebt werden.
2. Klebeband und Etiketten können zerrissen, zerschnitten und auf dem schwarzen Tonpapier übereinandergeklebt werden, sodass unterschiedlichste Effekte und Strukturen entstehen.

WEITERFÜHRENDE IDEEN

- Setzen Sie die Materialien auf Bucheinbandfolie ein, um individuelle Sonnenlichtfänger herzustellen.
- Benutzen Sie die beschriebene Technik, um persönliches Geschenkpapier oder gemeinsam eine große Wandcollage zu gestalten.
- Bieten Sie immer nur eine Farbe, dafür eine Vielzahl an Formen und Formaten von Etiketten und Klebeband zum Arbeiten an.
- Setzen Sie Motivsticker ein, z. B. mit Tier-, Reise- oder Essensmotiven, um symmetrische und zeitgenössisch anmutende Pop-Art-Collagen zu gestalten.

PROJEKTVORSCHLAG 24

STEMPEL, COLLAGE, STEMPEL

Bei diesem Projekt lassen Sie dem kindgeleiteten Prozess komplett freien Lauf!

WERKZEUG UND MATERIALIEN

- Farbwalzen oder Pinsel
- Temperafarbe
- Luftpolsterfolie
- Zuschnitte von Schwimmnudeln oder anderen Alltagsgegenständen, die sich zum Stempeln eignen
- Papiere
- Wasserschüsseln
- Papiertücher
- Collagematerialien wie Tassen-Papieruntersetzer, bemalte Papiere, gestanzte Formen
- Klebestifte
- Bastelkleber

SO GEHT'S

1. Hier gibt es mindestens zwei Strategien (und höchstwahrscheinlich noch jede Menge mehr), um anzufangen: entweder mit dem Stempeln oder mit der Collage. Wenn Sie mit der Collage beginnen und anschließend darüberstempeln, können Sie einzelne Collagematerialien wieder abzupfen, um die Muster und Strukturen unter dem Aufdruck freizulegen. Wenn Sie erst stempeln und dann collagieren, wird die Form der Collagematerialien umso stärker hervortreten.
2. Fürs Stempeln: Rollen oder pinseln Sie Farbe auf Luftpolsterfolie oder andere Alltagsobjekte wie etwa die zurechtgeschnittene Schwimmnudel. Papier kann direkt auf die Luftpolsterfolie gedrückt werden, um einen Stempelabdruck zu erzeugen, während die Schwimmnudel oder andere Dinge besser über das Papier wandern.
3. Für die Collage: Wenn Sie damit beginnen wollen, fordern Sie die Kinder zunächst auf, nach Wunsch Formen auf einen Untergrund aufzubringen, ehe Sie diese mittels Klebestift festkleben. Wenn Sie mit dem Stempeln angefangen haben, lassen Sie die nasse Farbe erst trocknen, ehe Sie Dinge auf den Untergrund kleben, oder benutzen Sie Bastelkleber: Der haftet auch auf noch feuchten Farb-Kleber-Flächen.
4. Wir haben fließend zwischen dem Drucken und Stempeln und der Collage hin- und hergewechselt. Einige Kinder waren eher daran interessiert, die Collagematerialien wieder abzuziehen, während andere viel Spaß daran hatten, mit der Schwimmnudel immer neue Muster obenauf zu stempeln. Der Grundgedanke bei diesem Projekt ist, beide Prozesse zusammenzuführen und zu sehen, was letztlich daraus entsteht.

WEITERFÜHRENDE IDEEN

- Versuchen Sie es mal mit Farbe, Collage, Farbe! Die Prozesse sind ähnlich, ergänzen Sie einfach eine Handvoll Malwerkzeug.
- Probieren Sie auch Zeichnung, Collage, Zeichnung aus! Erstellen Sie erst Ihre Zeichnung, schmücken Sie diese anschließend mit Collagematerial aus und ergänzen Sie sie mit weiteren gezeichneten Einzelheiten, sodass die Collage regelrecht in der Zeichnung aufgeht.
- Jüngeren Kindern kann man stattdessen Klebeetiketten anbieten, die leicht wieder abgezogen werden können, sobald die Stempelfarbe getrocknet ist, sodass die darunterliegende Struktur nach dem Bedrucken wieder zum Vorschein kommt.

AUS DEM CARLE-MUSEUMSATELIER

Seidenpapier-Experimente

Wenn wir im Museumsatelier mit unseren vertrauten Materialien arbeiten, stellt es für uns jedes Mal wieder eine spannende Herausforderung dar, das Material mit frischem Blick zu betrachten. Zum Beispiel probieren wir gern Zeichenwerkzeug auf unüblichen Oberflächen aus, bauen dreidimensionale Objekte aus Recyclingmaterialien oder bringen Material in einen neuen Zusammenhang, der unsere Besucher dazu ermuntert, es von einer neuen Warte aus zu betrachten. Im Zuge eines solchen Projekts haben wir die Vielseitigkeit von Seidenpapier untersuchen wollen, die Art und Weise, wie es Licht durchlässt, wie es zerrupft und zerknittert werden kann und wie viel Potenzial es als Collagematerial hat.

Das Projekt hatten wir eigens für Kleinkinder und ihre Begleitpersonen entwickelt: Wir klebten Seidenpapierstreifen unter unseren größten Tisch, um eine farbenfrohe, ansprechende Atmosphäre für unsere Besucher zu schaffen. Auf einem niedrigeren Tisch legten wir Bucheinbandfolie aus, damit unsere Besucher einen Teil ihres Experiments in Gestalt einer Collage mit nach Hause nehmen konnten.

Die Besucher wurden aufgefordert, unter den Tisch zu krabbeln, zwischen den Seidenpapierstreifen hindurchzuwandern (natürlich ohne sich unter dem Tisch den Kopf anzustoßen) und das Material zu erforschen. Manche strichen ganz vorsichtig über das Papier, andere rissen begeistert ganze Streifen ab. Nachdem

sie diese in Stücke zerpflückt hatten, bauten einige Besucher Seidenpapiernester, indem sie das Papier enthusiastisch zusammenwarfen. Andere brachten ihre Beute an den Tisch mit der Bucheinbandfolie und liefen gleich mehrmals hin und her, um die richtige Farbe in der richtigen Form aufzubringen.

Transparente Bucheinbandfolie ist ein wunderbarer Untergrund für Collagen – ganz besonders für Seidenpapier. Weil die transparente Folie lichtdurchlässig ist, erwacht auch das ebenfalls lichtdurchlässige Collagepapier förmlich zum Leben, sobald die Collage vor eine Lichtquelle gehalten wird. Die Folie ist außerdem selbstklebend: Ohne erst ein klebriges Durcheinander anzurichten oder warten zu müssen, bis der Kleber trocknet, kann man Collagematerialien direkt auf die Folie aufbringen und sofort weitermachen. Seidenpaper reißt, sobald man es von der selbstklebenden Fläche wieder abziehen will; trotzdem hatten unsere Besucher Freude daran, die Reißfestigkeit immer wieder neu auszuprobieren, und schichteten oft einfach weitere Schnipsel über die Stellen, an denen sie es sich anders überlegt hatten.

Nachdem sie ihre Collagen fertiggestellt hatten, hielten die Besucher sie vors Fenster, um zu sehen, wie die lichtdurchlässigen Farben wirkten. Andere fügten ihre Collagen unseren bereits vorhandenen Ausstellungsstücken aus Pappkreisen, Zellophan, Seidenpapier und Bucheinbandfolie hinzu.

„Collagepapiere herzustellen ist bei meiner Arbeit ein spannender Schritt. Ich bastele Stempel aus Fahrradschlauchstücken auf Holz, erstelle Frottage-Bilder mittels Wachsmalstiften, die ich anschließend mit Wasserfarben bearbeite, und bestreiche Buntpapiere mithilfe einer Kreditkarte dünn mit Farbe. Ich lasse den Zufall entscheiden, wie diese Illustrationen wirken. Dabei sind die Collagepapiere meine Palette."

MICHA ARCHER

ILLUSTRATORIN UND AUTORIN

(siehe auch Seite 149)

ÜBER DAS MUSEUM

Das Eric Carle Museum of Picture Book Art öffnete 2002 in Amherst, Massachusetts, seine Tore. Sein Anspruch war kühn und doch relativ einfach: Es sollte dazu beitragen, dass die Bilderbuchillustration die Anerkennung erhielt, die sie verdiente. Das Museum (das die meisten bloß „das Carle" nennen) ist seither zur ersten Adresse für Bilderbuchkunst geworden, trägt originale Kunstwerke auf Weltniveau zusammen und richtet Ausstellungen aus, die um die ganze Welt reisen.

„Es heißt, Bilderbücher seien für kleine Kinder das Tor zur Literatur", so Eric Carle, der gemeinsam mit seiner inzwischen verstorbenen Frau Barbara Carle das Museum gründete. „Wir möchten unsere jungen Besucher, die noch nicht viel Museumserfahrung haben, natürlich zugleich auch für die Betrachtung von Kunst begeistern." Das Carle ist ein Ort, an dem man sich in einem Buch verlieren kann, über einzelne Illustrationen spricht oder sich Aufführungen ansieht. Es ist ein Ort für Familien,

Lehrkräfte und Schulkinder, die dort Ideen austauschen, kreativ werden und sich inspirieren lassen können.

Das Atelier des Carle ist ein weitläufiger, sonnendurchfluteter Raum, der während der Museumsöffnungszeiten immer für Besucher offen steht. Zur Raumgestaltung inspirierte ursprünglich eine Italienreise, bei der Eric Carle Jahre zuvor Kunsträume von Früherziehungseinrichtungen in der Provinz Reggio Emilia und in Pistoia besuchte. Mit seiner Frau Barbara wollte er genau so einen Ort für die Besucher seines „Carle" schaffen – einen lichtdurchfluteten, mit interessanten Materialien bestückten Raum, der inspiriert. Das Museum bietet seinen Besuchern Projekte an, die sich an denselben Themen orientieren, die auch in den Ausstellungsräumen bewundert werden können. Außerdem werden im Atelier Erzieher und Pädagogen geschult, Familien-Workshops sowie Erwachsenenkurse abgehalten – über sämtliche Themen, die zur Kreativität und zum Umgang mit verschiedenen Materialien anregen.

Außer dass eigene Kunstprojekte gefördert werden, stellt das Museum in seinen drei Galerieräumen auch

Foto: Seth Kaye. © The Eric Carle Museum of Picture Book Art

Originale von internationalen Illustratoren aus, veranstaltet Lesestunden in der Museumsbibliothek, bringt im Hörsaal Theaterstücke für Kinder auf die Bühne, zeigt Filme und richtet Signierstunden mit beliebten Künstlern und Autoren sowie besondere Events für Kinder aus.

Mehr über das Carle finden Sie auf www.carlemuseum.org.

Weitere Fotos auf dieser Doppelseite: Jim Gipe/Pivot Media. © The Eric Carle Museum of Picture Book Art

WEITERFÜHRENDE LITERATUR

EINE AUSWAHL VON BILDERBÜCHERN IM COLLAGESTIL

Archer, Micha. *Daniel Finds a Poem*. Nancy Paulsen Books, New York 2016

Bryan, Ashley. *Beautiful Blackbird*. Atheneum Books for Young Readers, New York 2003

Calvino, Italo, Lena Schall (Illustrationen). *Das schwarze Schaf*. Deutsch von Burkhart Kroeber. Mixtvision, München 2017

Carle, Eric. *Die kleine Raupe Nimmersatt*. Deutsch von Viktor Christen. Gerstenberg, Hildesheim 1969, 1984

Alle Bücher von Eric Carle erscheinen auf Deutsch beim Gerstenberg Verlag. www.gerstenberg-verlag.de

Collier, Bryan. *Uptown*. Henry Holt and Company, New York 2000

Duda, Christian, Julia Friese (Illustrationen). *Schnipselgestrüpp*. Beltz & Gelberg, Weinheim 2010, 2013

Ehlert, Lois, *Rain Fish*. Beach Lane Books, New York 2016

Engeler, Claudia. *Albert, der Storch*. Kunterbunt, Zürich 2009

De Haan, Linda, Stern Nijland. *König und König*. Deutsch von Edmund Jacoby. Gerstenberg, Hildesheim 2001

Harjes, Stefanie. *Als die Esel Tango tanzten …* Mixtvision, München 2016

Hee Na, Baek, Kim Hyang Soo (Fotografien). *Wolkenbrot*. Deutsch von Christina Youn-Arnoldi. Mixtvision, München 2019

Hole, Stian. *Garmans Sommer*. Deutsch von Ina Kronenberger. Hanser, München 2009

Hückstädt, Christian, Anita Andrzejewska und Andrzej Pilichowski-Ragno (Illustrationen). *Ottokar, der Elefant aus Sansibar*. Sauerländer, Mannheim 2010

Kazakou, Gerda. *Die Geschichte von Tui-Tiu*. Eichhörnchenverlag, Neustadt (Dosse) 2018

Keats, Ezra Jack. *The Snowy Day*. Viking Books for Young Readers, New York 1962

de la Peña, Matt, Christian Robinson (Illustrationen). *Last Stop on Market Street*. G. P. Putnam's Sons Books for Young Readers, New York 2015

Lionni, Leo. *Frederick*. Deutsch von Günter Bruno Fuchs. Middelhauve, Köln 1967

Steptoe, Javaka. *Radiant Child: The Story of Young Artist Jean-Michel Basquiat*. Little, Brown and Company, Boston 2016

Sweet, Melissa. *Balloons Over Broadway: The True Story of the Puppeteer of Macy's Parade*. Houghton Mifflin Books for Children, Boston 2011

LITERATUR FÜR ERZIEHER

Bang, Molly. *Picture This: How Pictures Work*. SeaStar Books, San Francisco 2000

Carle, Eric. *The Art of Eric Carle*. Philomel Books, New York, 1996

Dowd Lambert, Megan. *Reading Picture Books with Children: How to Shake Up Storytime and Get Kids Talking About What They See*. Charlesbridge, Watertown 2015

Ferrari, Alba, Bruna Elena Giacopini. *Remida Day. Muta … menti. Reggio Children, Reggio Emilia 2005*

Vecchi, Vea, Claudia Giudici. *Bambini arte artisti: i linguaggi espressivi dei bambini, il linguaggio artistico di Alberto Burri*. Reggio Children, Reggio Emilia 2004

ÜBER DIE ILLUSTRATOREN

Micha Archer

Die Farben und Muster in Micha Archers Collagen sind inspiriert von ihren Reisen rund um die Welt. Sie hat u. a. *Lola's Fandango* von Anna Witte (2011) und *The Wise Fool* von Shahrukh Husain (2015) illustriert. Ihr Debüt als Autorin und Illustratorin, *Daniel Finds a Poem*, wurde 2017 mit dem Ezra Jack Keats New Illustrator Award ausgezeichnet.

Ashley Bryan

Ashley Bryan blickt auf eine mehr als 50-jährige unglaublich erfolgreiche Karriere zurück, in der er eine Vielzahl an Kunstformen von Scherenschnittcollagen über Marionetten und Drucke bis hin zu Buntglaswerken hervorgebracht hat. Er ist Autor und/oder Illustrator von mehr als fünfzig Büchern, u. a. von *Beautiful Blackbird*, das 2004 mit dem Coretta Scott King Illustrator Award ausgezeichnet wurde. Für seine Verdienste um die Kinderliteratur wurde er mit dem Coretta Scott King–Virginia Hamilton Lifetime Achievement Award sowie mit dem Laura Ingalls Wilder Award ausgezeichnet.

Eric Carle

Seit seinem Debüt als Illustrator – mit Bill Martin Jr.s *Brauner Bär, wen siehst denn du?* – hat Eric Carle mehr als siebzig Bilderbücher illustriert. Seine 1969 erschienene weltberühmte *Kleine Raupe Nimmersatt* ist in mehr als sechzig Sprachen übersetzt worden. 2003 wurde Carle mit dem Laura Ingalls Wilder Award für seine andauernden Verdienste für die Kinderliteratur ausgezeichnet.

Bryan Collier

Bryan Collier hat mehr als zwanzig Kinderbücher illustriert und für seine Arbeiten den Caldecott Honor sowie den Coretta Scott King Award erhalten. *Uptown*, sein Debüt als Autor und Illustrator, wurde 2001 mit dem Coretta Scott King Award for Illustration und dem Ezra Jack Keats Award for New Illustrator ausgezeichnet.

Lois Ehlert

Ehlerts Leidenschaft – das Sammeln – spiegelt sich in Büchern wie *Snowballs* (1995), *Leaf Man* (2005) und *Wag a Tail* (2007) wider. Ihre farbenfrohen, auffälligen Papiercollagen illustrieren auch Bill Martin Jr.s und John Archambaults Bestseller *Chicka Chicka Boom* Boom (1989). 2014 schrieb und illustrierte sie *The Scraps Book*, das einen Blick hinter die Kulissen ihrer Karriere als Bilderbuchautorin und Illustratorin gewährt.

Christian Robinson

Christian Robinsons Collagen haben einen enorm hohen Wiedererkennungswert. Sie illustrieren Bilderbücher wie Renée Watsons *Harlem's Little Blackbird* (2012), Patricia Hruby Powells *Josephine: The Dazzling Life of Josephine Baker* (2014) sowie Mac Barnetts *Leo: A Ghost Story* (2015). Robinson erhielt den Caldecott Honor und den Coretta Scott King Honor Award für die Illustration von Matt de la Peñas *Last Stop on Market Street* (2016).

Javaka Steptoe

Javaka Steptoe debütierte als Kinderbuchillustrator mit *In Daddy's Arms I Am Tall: African Americans Celebrating Fathers* (1997), für das er mit dem Coretta Scott King Illustrator Award ausgezeichnet wurde. Zwanzig Jahre später erhielt er für *Radiant Child: The Story of Young Artist Jean-Michel Basquiat* (2017) sowohl den Coretta Scott King Award als auch die Caldecott Medal.

Melissa Sweet

Melissa Sweets Illustrationen zeichnen sich durch eine große Materialvielfalt aus. Sie hat mehr als achtzig Bilderbücher illustriert, u. a. Jen Bryants *A River of Words: The Story of William Carlos Williams* (2009) und *The Right Word* (2015), für die sie jeweils die Caldecott Honor-Medaille erhielt. Sie hat *Balloons Over Broadway: The True Story of the Puppeteer of Macy's Parade* (2011) und *Some Writer!: The Story of E. B. White* (2016) geschrieben und illustriert.

ÜBER DIE AUTORINNEN

Foto: Lauren McNulty

Shannon Merenstein ist Mutter zweier Söhne und Betreiberin des Hatch Art Studios in Pittsburgh.
Sie studierte am Pratt Institute und kehrte nach ihrem Abschluss in ihre Heimatstadt Pittsburgh zurück, wo sie zunächst mehrere Jahre lang an einer Grundschule Kunsterziehung unterrichtete. Nach dem Vorbild ihrer selbstständigen Eltern eröffnete sie schließlich ihr eigenes Atelier, in dem sie Kinder und Eltern dabei unterstützt, ein kreatives Selbstbewusstsein und Vorstellungsvermögen sowie Freude am Kunstschaffen zu entwickeln. Sie liebt es, mitanzusehen, wie Familien in Pittsburgh und in aller Welt kreativ werden, Ideen entwickeln und umsetzen. Das Kunstschaffen an sich sowie junge Künstler im Atelier wie auch zu Hause mit neuen Inspirationen und Materialien zu konfrontieren ist ihre große Leidenschaft. Im Hatch Art Studio kommt sie mit gleichgesinnten Erziehern, Künstlern, Eltern und Lehrern in Kontakt, die sie wiederum zu allerhand neuen offenen, prozessorientierten Projekten für Kinder aller Altersgruppen inspirieren. Wenn Shannon gerade nicht im Hatch herumwerkelt, kümmert sie sich mit Ehemann Cole um die gemeinsamen Kinder, tagträumt und plant das nächste größere Projekt oder lernt irgendetwas Neues.

Foto: Jim Gipe/Pivot Media

Meg Nicoll, Kunstpädagogin am Eric Carle Museum of Picture Book Art, hat in den USA, Großbritannien und Neuseeland in diversen Museen gearbeitet.
Sie liebt die Arbeit mit Künstlern, Kunsterziehern, Kindern und ganzen Gemeinden, in denen sie die Voraussetzungen für Kreativprojekte schafft.

Foto: Jim Gipe/Pivot Media

Sara Ottomano, Kunstpädagogin am Eric Carle Museum of Picture Book Art, hat sowohl in Bibliotheken als auch in Museen an der Schnittstelle von Literatur, Kunst und Erziehung gearbeitet. Am liebsten hilft sie anderen, sich mit Entdeckergeist und Neugier der Kunst zu nähern.

DANKSAGUNG

von Shannon Merenstein

Zuerst möchte ich mich bei Cole bedanken, meinem Ehemann und Sparringspartner, der mich trotz allerhand Turbulenzen in unserem Leben einmal mehr bei einem Megaprojekt unterstützt hat. Noch während wir unser Kunstatelier am Laufen hielten und auf den Abgabetermin für dieses Buch zusteuerten, bereiteten wir uns auf die Ankunft unseres kleinen Calvin River vor. Cole hat zu Hause die Stellung gehalten, mit Graham, unserem älteren Sohn, Erkundungsausflüge unternommen und ist am Ende eines jeden Tages auch noch ins Atelier gekommen, um liegen gebliebene Collageschnipsel beiseitezuräumen. Cole hat mir bei unzähligen spannenden Erfahrungen zur Seite gestanden und gibt mir das Gefühl, dass ich alles schaffen kann.

Danke auch an Lauren McNulty (und ihre ganze Familie, die ebenfalls mit auf diese Reise gekommen ist) sowie an meine Eltern – zwei Unternehmerpersönlichkeiten, die stets die Voraussetzungen schaffen, groß zu denken und daran zu glauben, dass alles möglich ist. Danke auch an Bar Rucci, meine Mentorin, die mir unendlich viele wunderbare Wege geebnet hat – u. a. den Weg zu diesem Buch. Danke überdies an all die Familien, die bereitwillig an den Projekten für dieses Buch teilgenommen haben.

Zu guter Letzt danke ich euch kleinen Künstlern, die ihr mit mir zu dieser Reise aufgebrochen seid: Ihr alle habt zu den Projekten in diesem Buch beigetragen und im Hatch großartige, fantasievolle Werke geschaffen. Ihr inspiriert mich wirklich! Erinnert die Erwachsenen weiter daran, dass wir als Kinder von Natur aus kreativ und neugierig sind. Beide Eigenschaften bleiben uns erhalten, sofern wie sie nur bewahren und fördern, um dann in der Welt magische Dinge entstehen zu lassen!

Lauren McNulty bedankt sich bei

Elizabeth Whittington, Eleanor, Ruby und Hannah McNulty-Whittington, den Levin-Decaninis, den Freys und den Halasz.

REGISTER